阿富汗战地手记

史先涛 —— 著

生活·讀書·新知 三联书店

Copyright © 2024 by SDX Joint Publishing Company.
All Rights Reserved.
本作品版权由生活·读书·新知三联书店所有。
未经许可，不得翻印。

图书在版编目（CIP）数据

阿富汗战地手记 / 史先涛著. —北京：生活·读书·新知三联书店, 2024.7
ISBN 978-7-108-07765-3

Ⅰ.①阿⋯ Ⅱ.①史⋯ Ⅲ.①阿富汗－概况 Ⅳ.① K937.2

中国国家版本馆 CIP 数据核字 (2024) 第 020976 号

责任编辑	王　竞
装帧设计	康　健
责任校对	曹秋月
责任印制	卢　岳
出版发行	生活·讀書·新知三联书店
	（北京市东城区美术馆东街 22 号 100010）
网　址	www.sdxjpc.com
经　销	新华书店
制　作	北京金舵手世纪图文设计有限公司
印　刷	北京隆昌伟业印刷有限公司
版　次	2024 年 7 月北京第 1 版
	2024 年 7 月北京第 1 次印刷
开　本	880 毫米 × 1230 毫米　1/32　印张 10
字　数	210 千字　图 113 幅
印　数	0,001 - 6,000 册
定　价	45.00 元

（印装查询：01064002715；邮购查询：01084010542）

喀布尔一处山脚下的游乐场。喀布尔四面环山,基本上所有的山坡上都密密麻麻盖满了房子,上面住满了穷人

喀布尔市内,大多人车混行,交通拥堵

喀布尔的二手商品市场

位于喀布尔老城区的鸟市

位于喀布尔新城的一家高端商场内部

喀布尔的传统工艺品商店

一群放学走出校门的喀布尔中学生

喀布尔街头放学后结伴
回家的女孩儿

人们在阿富汗帕尔万省一处景色优美的花丛中踏青

位于喀布尔什叶派聚居区的一处清真寺

诺鲁孜节的喀布尔街头,商贩在卖气球(2022年3月21日)。诺鲁孜节是波斯历新年,是阿富汗最重要的节日之一

孩子们在诺鲁孜节庆祝活动中玩耍(2022年3月21日,喀布尔)

从巴米扬主崖的一处洞窟俯瞰巴米扬城

居住在巴米扬大佛
洞窟中的一户人家

阿富汗国家博物馆一楼大厅中央的巨大石钵

阿富汗国家博物馆的重点藏品:出土于巴格兰省法罗尔丘地的银碗残片。出土于法罗尔丘地的金器在全球巡展时到过中国故宫

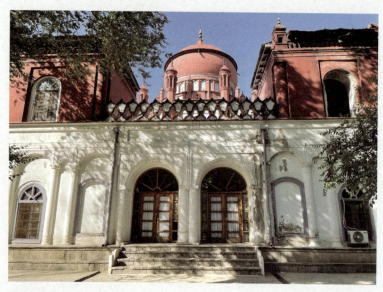

阿富汗国王拉赫曼·汗的陵墓

常年战乱造成阿富汗人大量伤亡。喀布尔一些墓地毗邻居民区，山坡上是生者居住的房屋，山脚下就是墓地，生与死的界限如此模糊

位于喀布尔的巴布尔花园内景，莫卧儿帝国创始人巴布尔的陵墓坐落于花园中

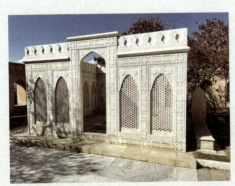 

巴布尔花园中的巴布尔陵墓以及园内一座小型清真寺

喀布尔一所大学的女大学生

作者在公交车图书馆采访

情人节,喀布尔街头(2022年2月14日)

喀布尔街头的货币兑换商

喀布尔街头的塔利班武装人员

阿富汗某政府机构的塔利班士兵,远处隐约可见的大楼是达鲁阿曼宫

作者在采访现场

代　序　阿富汗的悲剧

刘　瑜

说到阿富汗，很多人首先想到的，恐怕是战火、恐怖袭击、贫困、落后。没错，这确实是个非常悲剧的国家。阅读阿富汗史的时候，我发现一个有趣的对比。对于我们中国人，整个20世纪，1978年之前，生活是颇为动荡的，但是1978年之后，过去40多年，生活不断改善。而阿富汗的经历刚好相反，就20世纪而言，1978年之前，他们的生活是大体平静的，连第一次世界大战、第二次世界大战都没有卷入。很多人可能在网上看到过一些20世纪五六十年代喀布尔的照片，那时候的喀布尔街道秩序井然，女性时尚现代，整个国家朝气蓬勃，但是1978年之后，一切都急转直下，40多年来，阿富汗人再也没有目睹过真正的和平与发展。

阿富汗过去40多年的灾难延绵不绝，在所有可能逃离灾难的出口，阿富汗都错过了。不是某一个政府或者某一种政体难以建构暴力垄断的国家，而是任何政府、任何政体都难以建构国家。阿富汗尝试过君主立宪、威权共和、极左政权、神权政治、美式民主以及无政府，可以说神农尝百草，尝试了所有可能的政体，但是，在所有这些政体实验中，国家建构全都失败了。我们可能听说过一个说法,把阿富汗叫作"帝国的坟场"。其实,阿富汗岂止是"帝国的坟场",也是"制度的坟场"。

但正是阿富汗的国家建构的经验教训,给了我们一个理论窗口去观察国家建构的各种阻碍性因素。为什么阿富汗的国家建构如此之难?在我看来,至少有四个因素。对这四个因素的分析,或许不但可以帮助大家理解阿富汗的悲剧,也有助于理解其他地方"国家建构"的失败原因。

首先是地理因素。自然和政治有没有关系?关系非常之大。事实上,有相当一批学者研究石油储备、出海口数量、降雨分布、河流走向、平原面积等地理因素对政治的影响。在这些研究中,有一个重要的变量是"多山与否"。为什么?因为多山,至少在一个传统时代,往往意味着政府的触角有限,也意味着叛军容易找到藏身之所。

阿富汗就是一个多山的国家,一个几乎完全被山地覆盖的国家,人类只是聚居在山间的峡谷地带而已。可以想象,在这种地形地势中,交通通信不发达的时代,不同社区之间交往非常困难,建立大一统的中央政府更是困难重重,因为在这种地形地貌中,看上去似乎出门买个菜都像是去西天取经一样困难。

所以,自古以来,阿富汗的政治传统都是部落长老式的自治。直到1747年,阿富汗才建立了以当地人认同为基础的中央集权式国家,也就是延续了200多年、1973年被达乌德推翻的杜兰尼王朝。大家注意,1747年,这在中国已经是乾隆年间了,是中华王朝帝国的尾声了。但是,对于阿富汗,这时候它的国家建构才刚刚开始。即使是杜兰尼王朝,很大程度上仍然是间接统治,王室真正控制的仅仅是几个大城市而已,其他地方主要还是各部落长老说了算。

所以，把阿富汗叫作"帝国的坟场"，听上去似乎是阿富汗人多么厉害，仔细想想，其实阿富汗最厉害的不是他们的人，而是他们的山。我们都知道，1842年，英国在中国打赢了鸦片战争，但是同一年，大英帝国在阿富汗却遭遇了惨败。为什么？因为海战是英国的长项，而在山上打游击，英国人不会啊。最后，在阿富汗冬天的群山之中，上万英国人冻死的冻死，饿死的饿死。

后来1979年苏军入侵、2001年美军入侵，也是发现他们的武器再先进，面对这种延绵不绝的山脉难以发挥威力。道理很简单：你根本找不到敌人。这些游击队员在山里钻来钻去，出则为战士，退则为农民，没什么军人和平民的分野，你炸来炸去就是炸石头而已。问题在于，这种让帝国征服变得很困难的地理因素，同样也让国家建构变得很困难。所以，它是"帝国的坟场"，也是"国家的坟场"。

再来看阿富汗国家建构的第二个障碍。这个障碍还是与地理有关，就是它的地缘位置。自古以来，阿富汗地区都被大国强国包围，北边是俄罗斯及其势力范围，西边是伊朗和阿拉伯帝国，东北方向时不时出现蒙古帝国这样的游牧帝国，东南方向则是印度以及一度占领印度的大英帝国。因为地处这些大国的交界地带，所以很自然地，它就成为大国征战的通道。这就像张三和李四打架，倒霉的小明偏偏住在他们两家中间，谁也不招惹，家里却总是被砸得稀巴烂。

我们知道，战争缔造国家，但在阿富汗，战争不是缔造国家，而是摧毁国家。为什么？因为在阿富汗，战争往往是大国的代理战争，每一股势力本质上都是靠外力支撑，这种战争是无法真正完成构建国家的。这一点其实不难理解。大家想想，骑车是锻炼身体的，但是如果你骑的是电动车，不是自主发力，而是靠电池发力，那么骑得再远也锻炼不了身体。

更糟的是，因为是代理战争，所以战争怎么打也打不完，打不到暴力垄断的格局。本来阿富汗这样一个小国，内战很容易打完，决出胜负之后就实现暴力垄断了。但问题是，身处大国的包围圈，这些外国势力不让你打完。这边阿富汗人民民主党1979年快倒了，苏联开着坦克进来了，帮它续命。在苏联的帮助下，人民民主党本来可以搞定阿富汗，但是美国、沙特和巴基斯坦又进来了，帮"圣战"战士续命。1996年，塔利班已经建立政权了，但是美军又开着飞机过来了，赶跑了塔利班。2001年塔利班已经被赶跑了，一个准民主政体建立了，巴基斯坦那边的极端分子又打开了怀抱，接着给塔利班续命。所以，本来可能三五年能打完的内战，因为这些外部势力的干预，就变得没完没了，怎么也打不到句号。

所以，地缘因素，是阿富汗国家建构的第二个障碍。

第三个障碍是宗教因素，确切地说，是伊斯兰极端主义。其实，历史上，阿富汗并不是一个宗教极端主义的国家，但是，两股力量的对撞，在阿富汗发生了奇妙的化学反应，导致阿富汗极端主义盛行。

第一股力量，是苏军入侵。苏军入侵后，本来一盘散沙的阿富汗立刻爆发出空前的宗教热情，因为宗教是唯一能把不同族群团结起来的力量。所有反抗组织都自称为 Mujihadeen（"圣战战士"），可以说，阿富汗的宗教热情真的是被苏联捅马蜂窝捅出来的。

但是，如果没有另一股势力，这些"圣战"组织虽然有宗教名目，本质上也只是军事力量，它们只是想赶跑苏军，未必想用"宗教理想国"来改造阿富汗社会。另一股力量是什么？是萨拉菲主义。萨拉菲主义，简单来说就是一种极端保守的宗教激进主义，本来只是在沙特阿拉伯比较活跃，但是从20世纪60年代开始，发了石油财的沙特开始向全世界推广这种宗教激进主义，到70年代末期，萨拉菲主义开始在巴基斯坦形成势力。

为什么巴基斯坦的萨拉菲主义会煽动起阿富汗的宗教极端主义？因为苏军入侵后，数百万的阿富汗难民涌向巴基斯坦，无数在巴基斯坦难民营长大的阿富汗男孩，被父母送到当地宗教学校上学。之所以上宗教学校，是因为免费，不但教育免费，还经常提供免费吃住。而这些宗教学校教什么？教的往往就是萨拉菲主义。于是，在巴基斯坦的难民营中，整整一代宗教极端主义的阿富汗少年成长起来了。

苏军撤退后，这些少年变成了青年，回到阿富汗，成为塔利班的中流砥柱。塔利班这个词的意思，就是"学生"。为什么叫"学生"？因为他们真的就是宗教学校的学生。所以，当塔利班征服阿富汗，他们做的第一件事，就是按照他们学过的教科书，实施一种极端保守的"伊斯兰法"。当时，感到震惊的不仅仅是全世界，也包括阿富汗社会自身——因为对阿富汗本国国人来说，塔利班并不代表阿富汗本土的文化，它也是一种陌生的"外来势力"，一种由沙特、巴基斯坦传入的"进口文化"。

塔利班上台后，其所作所为大家应该多少都听说过。他们把已经进入职场和学校的女性重新赶回家门，强迫所有的女性蒙面，禁止音乐、电影和娱乐，炸毁了巴米扬大佛，恢复了很多伊斯兰教中古老的刑罚，比如用砍手来惩罚盗窃、用石头砸同性恋、公开虐待和处决罪犯等。一度曾经非常流行的一本小说《追风筝的人》里面就说到，塔利班连风筝都给禁了。如果不是这种"进口的"宗教极端主义，20世纪90年代的阿富汗本有可能回归1978年之前的样子，但是，由于苏联和沙特阿拉伯致命的"邂逅"，阿富汗回不去了。

尽管塔利班2001年被推翻，但是塑造了它以及它所塑造的极端主义文化，却开始浸润阿富汗的土壤，有可能在几代人之间，都不会完全消失。2013年皮尤研究中心有个民意调查，其中一个问题，是询问穆斯林对自杀袭击的看法，阿富汗人中表示"自杀袭击常常或有时是正当的"的比例高达39%，几乎是所有被调查国家中最高的。在另一项民调中，当问及政治和宗教是否应该分离时，57%的阿富汗人表示不应该，宗教领袖应当介入政治。

2001年后，这种宗教极端主义的力量，成为阿富汗国家建构最大的障碍。我们可能会觉得，为什么塔利班一定要和政府打？他们就不能坐下来好好谈谈，就像南非当年一样实现权力分享吗？答案是：不能。至少，如果现在的塔利班还是过去的塔利班，答案就是"不能"，因为宗教激进主义带来的意识形态刚性。在他们的观念体系中，激进主义的"伊斯兰法"必须成为国土上唯一和最高的法，而人类所能制定的法——不管是国王制定的还是所谓民主议会制定的，只能臣服于"伊斯兰法"。在这种情况下，他们如何接受与政治世俗派分享权力？纯粹的权力之争或者利益之争可以讨价还价，但是你死我活的观念之争却没有商量的余地。

妨碍阿富汗国家建构的第四个障碍，则是民族主义。对于国家建构而言，民族主义是把双刃剑，它曾经是许多单一民族国家的国家建构动力，但是，对多民族国家来说，民族主义又往往是国家建构的离心力。比如，克罗地亚的民族主义造就了克罗地亚这个国家，但是对其原先的母国南斯拉夫来说，克罗地亚的民族主义就是一种离心力。希腊的民族主义使其摆脱了奥斯曼帝国，成就了现代希腊，但是对于奥斯曼帝国来说，希腊的民族主义显然是国家建构的绊脚石。

阿富汗是个地地道道的多民族国家：普什图族是最大的族群，占人口42%；第二大族群是塔吉克人，占27%；哈扎拉人，9%；乌兹别克人，9%。此外还有俾路支人、土库曼人等等。这种碎片化的族群格局，显然是大一统政治的障碍。

使问题进一步复杂化的，则是这些民族周边都有其族群的大本营国家。比如，阿富汗虽然只有1500万普什图人，但是在国界线的南边，巴基斯坦有3500万左右普什图人，相当于一个势力强大的娘家就住在隔壁。以此类推，塔吉克人受到塔吉克斯坦的支持，什叶派的哈扎拉人受到伊朗的支持。在这种情况下，任何族群想要吃掉其他族群，都往往望而却步。

其实，现代史上，阿富汗的民族主义并不算严重，没有显著的分离主义运动。部分原因在于，多山地形以及由此形成的部落主义传统，不但消解了帝国、消解了国家，而且消解了民族。我就是某某村的，"民族"是什么？还是太抽象了、太宏大了。但是，1979年苏军入侵，不但激发出了阿富汗人的宗教热情，也激发出了他们的民族热情。原因很简单，以民族为基础进行军事动员，最有效率。

所以，在苏军占领期间，虽然阿富汗几乎全民抵抗，但是抵抗的力量却是分片包干的。塔吉克人由著名的"北方雄狮"马苏德领导，乌兹别克人靠杜斯塔姆领导，普什图人最后大体聚集到了希克马蒂亚尔手下，哈扎拉人也在自己的领地上抗战。这种"包干区"式抵抗有其严重后果，那就是苏联被赶跑后，他们内部就开始为"胜利果实如何分配"的问题而大打出手。在四五股势力间，要达成和平协议太难了，因为否决点太多，只要一方不合作，其他三四方好不容易达成的协议就会被撕毁作废。也正是这种碎片化的状态，给了塔利班可乘之机。

今天，塔利班能够卷土重来，也和普什图人的民族主义相关。塔利班从普什图地区起家，其成员主要是普什图族，其藏身之处也主要在普什图地区。有民调显示，尽管在整个阿富汗，塔利班的同情者到2019年只有15%左右，但是在部分普什图省份，这个比例可以高达50%左右。正是普什图地区提供的人员、物资、安全乃至心理支持系统，使得塔利班能够在最艰难的时刻存活下来并东山再起。

回顾阿富汗的国家建构进程为何如此困难重重，我们发现至少有四重因素：第一，多山的地形使得中央集权式政府难以形成，造就了部落主义的政治传统；第二，大国对冲的地缘位置使得内战往往成为大国代理战争，战争难以打出胜负，暴力垄断格局难以形成；第三，苏联入侵激起的宗教狂热主义，毒化了阿富汗的文化土壤，使世俗政治力量难以建立；第四，多民族国家的结构，又使得各方政治力量难以就权力分配的方案达成共识。

阿富汗的困境也能帮助我们分析其他国家的国家建构瓶颈。无论是特定的地形地势、地缘位置，还是宗教极端主义以及民族主义，都广泛存在于许多其他国家，阿富汗的不幸在于，它把这些因素合而为一，也因此沦落为当今世界上最顽固的"失败国家"之一。

不过，阿富汗的国家建构真的完全无可救药吗？也未必。阿富汗自己1978年之前长达半个世纪的相对和平稳定，就是这种可能性的证明。特定的地理因素虽然使中央集权式国家难以形成，但是部落自治式的治理结构也未必不可行。仔细分析，让阿富汗跌入今天这个旋涡的，主要不是静态的地理因素，而是两种极端主义的对撞——苏联式的极左浪潮以及宗教激进主义。

这两种极端看似南辕北辙，在一点上却彼此相似，那就是它们"改造世界"的狂热，那种用理性、用纯净的道德理想、用宗教理念去重新书写历史的热情。这种冲动摧毁了阿富汗原有的政治秩序，却发现在人心面前，暴力会抵达它的限度。很多国家都经历过极左主义或者宗教激进主义，但是把这两者在短时间内都经历一遍的国家，却似乎只有阿富汗，简直相当于一个人被两辆卡车分别碾压了一遍。更糟的是，这两种力量在阿富汗发生了遭遇战。关于这场遭遇战，有个学者的比喻让我印象非常深刻，他说，苏军入侵后，宗教极端主义的兴起，就像是阿富汗面对病毒入侵时的免疫风暴——它的确杀死了病毒，但是同时也杀死了自己。

检视阿富汗沦为"失败国家"的过程，我们发现，最大的教训其实是以极端追求乌托邦的危险——因为乌托邦过于乌托邦，所以要实现它，只能诉诸极端手段，而极端助长极端，最终，它们在相互厮杀中完成了对彼此的哺育。其实，极端的并不是阿富汗的主流社会。2019年一项民调显示，只有15%左右的阿富汗人表示同情塔利班，80%的人表示支持女性权利、社会平等和自由表达。所以，阿富汗缺的不是温和的力量，缺的只是愿意为温和而战的力量。历史或许有投影，但并没有宿命，既然它曾经转向，就有可能再次转向。对于一个国家而言，命运指向何方，常常取决于"沉默的大多数"是否继续沉默下去。

  本书作者史先涛，因为工作关系，在美国撤出阿富汗、塔利班重新上台之际，恰好亲历了这一切的发生，通过他的眼和笔，我们可以直观地感受到阿富汗的困境，也可以了解到阿富汗多元民众身上所体现的阿富汗传统。阿富汗从此会走上一条什么样的道路？影响阿富汗国家建构的四重因素，会因为新政权的出现发生什么改变吗？读者读过本书，当会有自己的判断。

目 录
CONTENTS

前　言　　1

第 一 章　喀布尔，我来了　　1
第 二 章　入驻"高端社区"　　7
第 三 章　喀布尔如何成为首都　　12
第 四 章　世界上最危险的首都　　17
第 五 章　安全形势没有最差，只有更差　　27
第 六 章　分社的毛孩子　　34
第 七 章　一位阿富汗女子的纪念碑　　39
第 八 章　在阿富汗的第一个春节　　45
第 九 章　小女孩的哭声　　50
第 十 章　喀布尔的情人节　　56
第 十一 章　窗外传来密集的枪声　　61
第 十二 章　美国人要走了　　64
第 十三 章　这些花季少女放学后再没回家　　71
第 十四 章　美军开始撤离的第一周　　75

第 十五 章	帝国坟场的由来	83
第 十六 章	儿童节的心愿	89
第 十七 章	在阿富汗,我感染了德尔塔	94
第 十八 章	中国公民撤离	101
第 十九 章	一觉醒来,美军溜了	105
第 二十 章	从喀布尔到武汉	109
第二十一章	多米诺骨牌加速倒下	114
第二十二章	喀布尔"惊魂一日"	119
第二十三章	塔利班派发"定心丸"	125
第二十四章	追风筝的人变成了追飞机的人	130
第二十五章	塔利班何以速胜	134
第二十六章	喜悦的塔利班	147
第二十七章	塔利班的前世今生	152
第二十八章	美国为何出兵阿富汗	160
第二十九章	塔利班神秘领导人阿洪扎达	165
第 三十 章	撤离之前的"误伤"	170
第三十一章	重返喀布尔	175
第三十二章	探访百年阿富汗国家博物馆	182
第三十三章	卖掉女儿	190
第三十四章	喀布尔的"英国人公墓"	199
第三十五章	喀布尔动物园	206
第三十六章	探访巴米扬大佛	214
第三十七章	巴米扬大佛的千年回响	222

第三十八章　尖叫之城　　　230

第三十九章　班达米尔湖　　237

第 四十 章　地雷博物馆　　243

第四十一章　喀布尔的瘾君子　　248

第四十二章　苏联在喀布尔留下的痕迹　　253

第四十三章　塔利班的枪口对准了我　　259

第四十四章　纳赞德的慈善学校　　263

第四十五章　两位改革派国王的遗迹　　269

第四十六章　阿富汗松子　　275

前 言

2022年6月5日，我结束了在阿富汗一年半的驻外记者生涯。由于没有直飞中国的航班，我当天从阿富汗首都喀布尔赶往巴基斯坦首都伊斯兰堡转机。10日夜，我从伊斯兰堡乘坐的南方航空CZ5476临时航班飞行5个多小时后稳稳降落在贵阳龙洞堡机场。回到祖国的那一刻，我感慨良多，既有在新冠疫情期间能够顺利回家的喜悦，也有对阿富汗的不舍。

我在贵阳隔离了14天。隔离地是富士康厂区的宿舍，条件非常简陋，但是我每天透过阳台眺望，翠绿的山峦烟气氤氲，让我感觉宁静而美好。我不禁想起与这些青山有着云泥之别的喀布尔城区的枯山，山坡上层层叠叠的土房子犹如一簇簇野蛮生长的蘑菇；初次见到时，我竟然感觉蔚为壮观，但那些成为贫民家园的枯山上写满了令人伤感的故事，同时也是经历了40多年战乱的阿富汗的一个缩影。

2021年1月22日，我飞抵阿富汗首都喀布尔出任新华社喀布尔分社首席记者。在阿富汗的一年半，作为唯一常驻阿富汗的国际媒体记者，我见证了阿富汗前政府倒台、塔利班入主喀布尔、美军撤离阿富汗，亲历了阿富汗民众在战乱中的悲伤无助、在政权更迭期间的迷惘担忧，以及在塔利班执政后的生活重启。虽已抽身离开历经风云变幻却仍不太平的阿富汗，但我依然默默地关注着那里的人和事。

阿富汗对大部分中国人来说是一个既熟悉又陌生的国度。熟悉是因为常年战乱的它经常成为国际新闻报道中的"主角"；陌生在很大程度上也是因为战乱，两国之间的交流较少，踏上那片土地的中国人也不多，对它了解的人更是凤毛麟角。而且，恐怕大部分人都不会特别关注阿富汗，更不会像英国历史学家汤因比那样看待阿富汗——"研究人类事务的学者，无论研究人类的过去、现在还是未来，都必须关注阿富汗"。

汤因比按照地理位置将世界上的文明区域划分为两类，一类是绝地，一类是通衢。他认为，阿富汗在古代历史上是连接西亚、中亚和南亚地区的通衢，"在人类历史破晓时，这里（阿富汗）已经是世界上最繁忙的交通要道了"。作为文明交汇的十字路口，多种文明和宗教都曾经取道阿富汗向周边扩张，居鲁士大帝、亚历山大大帝、成吉思汗和巴布尔等著名帝王都曾经征服过这片土地。

阿富汗的通衢地位保持了两千多年，15世纪欧洲开始掌控海洋后，阿富汗的命运惨遭逆转，成为绝地。按照汤因比的观点，机械化轨道、道路、车辆、飞机等新技术给了阿富汗翻身重新成为通衢的机会。可惜的是，汤因比的美好期待至今也没能成真。

近现代以来，英国、苏联、美国等世界强国虽然都在这儿折戟沉沙，但最受伤的还是这块被称为"帝国坟场"的土地，以及这片土地上饱受战争苦难的阿富汗人民。

从1919年阿富汗独立至今，命运多舛的它经历了多种政体，君主专治王国、君主立宪制王国、社会主义共和国、资本主义共和国，以及如今塔利班自称的"阿富汗伊斯兰酋长国"。一百多年过去了，阿富汗始终在摸索自己的发展道路，这次塔利班再次走上历史舞台，能够带领阿富汗实现和平稳定吗？能够找到适合阿富汗的发展道路吗？

我前往阿富汗工作当然不是为了探寻这个问题的答案，而且我不像汤因比那么幸运，他1960年环游阿富汗时，阿富汗正处于西方人眼中的黄金时代，在国王查希尔·沙阿的统治下，当时的阿富汗没有战火和硝烟，阿富汗在苏联和美国之间左右逢源，经济发展，喀布尔等大城市社会风气开放，喀布尔街头的时髦女郎身着短裙且不戴头巾。而我生活的阿富汗，即便是喀布尔这种大城市，即便是在塔利班卷土重来之前，也已经与汤因比当时的所见所闻大相径庭。

一年半的时间里，我见证了阿富汗发生的历史性变动，也经历了在国内无法想象的诸多事情，对阿富汗的感情五味杂陈。那儿严峻的安全形势让我提心吊胆，饱受战争苦难的民众很容易激起人们的同情之心，而外国军队在阿富汗漠视人命令人愤慨，腐败的政府官员也遭人痛恨。整个国家几十年来一直走不出战乱，美军撤离终结了外国军队驻扎阿富汗的历史，阿富汗实现了历史上真正的独立自主；塔利班重新上台，在没有外国侵略也没有巨额外国援助的情况下维持着政权和社会的运转，发展着经济，执行的一些保守政策又令国际社会唏嘘；但与此同时，阿富汗海外资产遭冻结，西方世界对阿富汗严酷制裁，很多富人和专业人才纷纷离开……阿富汗的未来会更好吗？

英国人彼得·霍普柯克曾经表达过这样一个观点，他说在中亚，任何事情都可能发生，只有异常大胆或者极端愚蠢的人才会尝试预测它的未来。而阿富汗的情况比中亚更加复杂，所以，我如果对阿富汗的未来做出预测，八成是非常愚蠢的。

在美军开始撤离阿富汗、塔利班同加尼政府激战之际，就阿富汗局势的发展，我先后采访过包括阿富汗学者在内的多位专家，虽然我认为加尼政府凶多吉少，但这些专家的观点似乎与我都不太一致——后来我也反思过，之所以采访的阿富汗专家观点一边倒，是因为他们处在"信息茧房"中，专家们都更加支持政府，不认同塔利班的理念，他们内心其实强烈希望政府军能够击败塔利班，不愿意看到自己的国家发生政权更迭，这严重影响了他们的判断。我的一位长期从事国际报道的朋友跟我说，虽然你不如专家研究问题深入，但是你在现场、在一线，你要相信自己的眼睛，相信自己看到的东西，相信建立在自己的观察基础上的直觉和感受。

从塔利班上台到我 2022 年 6 月离开阿富汗的这多半年的时间内，我感觉，塔利班已经坐稳了江山。如果没有国外的军事干预，阿富汗国内没有任何势力或组织能够威胁其执政地位。如今，塔利班执政已满两年，我还是坚持自己最初的判断。

2023 年 8 月，我的阿富汗朋友阿里打电话来，说起喀布尔的情况，"现在爆炸已经很少发生了，出行安全了很多。比起前政府来说，塔利班目前还比较清廉，而且也正在努力搞建设，重启了一些前政府时期的工程，比如，很多地方都在修路，从喀布尔到坎大哈的公路也在修"，"喀布尔的大街上基本已经没有乞讨者了，吸毒者也不见了。塔利班展开了清理行动，禁止在街头乞讨，至于这些人去哪儿了，有什么办法解决吃饭问题，我也不知道"，"今年刚刚结束的全国高考，仅允许男生考试。最近巴米扬省的班达米尔国家公园也禁止女性进入了，而且，塔利班也下令关闭美容院"……阿里带来的消息，既在意料之外，也在意料之中。

我问阿里："你对阿富汗的未来感到乐观吗？"

阿里略为沉思："我只能说，塔利班正在以自己的方式努力建设阿富汗，我希望我的国家越来越好。"

……

对我来说，阿富汗是一片既有故交又有故事的土地，在阿富汗的经历给我留下了不可磨灭的回忆。爆炸和枪击、失学乞讨的儿童、渴望读书的女孩、一波又一波涌入喀布尔的流离失所的民众……这些是我在阿富汗工作期间司空见惯的，我希望这些景象永远不在阿富汗重现。希望群山环绕的喀布尔能够重现波斯诗人阿里·赛依伯描述的美好景象，也希望如同花儿一般欢快的笑容能够时常绽放在当地女性的脸庞上，毕竟被称为"灿烂千阳"的她们，应该是阿富汗最亮丽的风景。

第 一 章
喀布尔，我来了

美丽的喀布尔啊，群山绕四旁
她那丛生的荆棘，玫瑰也嫉妒若狂
大风吹起她的微尘，刺痛我的双眼
但我热爱她，因这微尘诞生过阿舒翰和阿热凡

我称颂她那明艳的郁金香
我为她葱郁的林木而歌唱
从巴斯坦桥流下来的河水是那么清冽！
但愿安拉保佑这美景免受俗眼的污染！

基尔兹选择了经过喀布尔走向天堂
让他更接近上苍的，是她的峰峦
一条护城的神龙，在她巍峨的城墙上
每一块城砖的贵重，胜过价值连城的宝藏

喀布尔每条街道都令人目不转睛
埃及来的商旅穿行过座座市场

> 人们数不清她的屋顶上有多少轮皎洁的明月
> 也数不清她的墙壁之后那一千个灿烂的太阳
>
> 清晨，她的笑声如同花儿一般欢快
> 夜晚，她的漆黑好比秀发似的乌亮
> 她那些动人的夜莺唱着美妙的曲调
> 如焚烧的树叶，它们唱得热烈而悠扬
>
> 而我，我在贾哈娜拉和莎尔芭拉的花园咏叹
> 连天堂的杜巴树也妒忌它们的郁郁苍苍[1]

这是波斯诗人阿里·赛依伯笔下400年前的美丽喀布尔，而不是我见到的喀布尔。喀布尔给我的第一印象远远不如这首诗中描绘得那般美好，不是皎洁明月和灿烂千阳，而是厚重高大的防爆墙、不分昼夜在头顶盘旋的直升机、随处可见的持枪军警和安保人员、在街头艰难讨生活的儿童，当然还有每天例行公事般的爆炸和袭击。

2021年1月21日下午，新冠肺炎疫情正在全球肆虐，我从北京踏上了赴喀布尔的航程。当妻子帮我整理好行李，我看到她转身哭了。

北京和喀布尔没有直航，我选择在迪拜转机。在北京飞往迪拜的旅程中，这架可乘坐200多人的国航客机满满当当，近一半

---

[1] 卡勒德·胡赛尼：《灿烂千阳》，李继宏译，上海人民出版社，2021年。

第一章 喀布尔,我来了

人都穿了防护服,乘客登机前都按照阿联酋的入境要求提供了核酸检测阴性报告。经过近10个小时的飞行,当地时间23点我抵达了迪拜机场。

虽然全球疫情仍在蔓延,迪拜机场依然熙熙攘攘,在这儿,既能看到大量西方面孔,也能看到很多阿拉伯乘客和非洲乘客。他们有的西装革履,有的身着长袍或罩袍,也有人穿着短袖短裤。不过,无论何种着装,无论来自世界何处,大家都戴着口罩,只是有一些西方面孔戴口罩时没有遮住鼻子。

在迪拜机场经过12个小时的等待,我登上了阿联酋航空飞往阿富汗首都喀布尔的班机。与阿联酋不同,阿富汗方面没有要求提供核酸检测阴性报告。

在登机口候机时,我特意观察了一下:这趟航班只有我一副中国面孔。登机前,我穿上了防护服,戴上了防护面罩。在全副武装好的那一刻,我感觉自己成了异类,因为这趟航班只有我一个人身着防护服,跟上一程的国航航班形成了鲜明对比。在登机口,有一个同航程的阿富汗小朋友还好奇地跑到我身边,我冲他微笑着用英语打招呼,因为我并不会说阿富汗通用的达利语,也不会讲另一种官方语言普什图语。小朋友并不回应我,或许是因为他不会说英语,也可能是不敢与外国人交流。他妈妈大概觉得他这么看我不礼貌,赶紧把他拉到一边。

登机后才感觉自己不那么另类,因为阿联酋航空的空乘也都穿防护服、戴护目镜。与大部分乘客不同,我在三个小时的航程中没有吃饭也没有喝水。我之所以这么小心,跟阿富汗的疫情防控形势有关。

根据阿富汗卫生部当时发布的数据,自2020年2月到2021

年1月，阿富汗全国新冠肺炎患者为5.4万余人，死亡人数为2300余人，但由于阿富汗检测能力非常有限，这两个数字远不能反映真实情况。据2020年8月阿富汗卫生部发布的一项调查结果，阿富汗当时估计有1000多万人感染过新冠病毒，占全国人口总数的约三分之一。尽管如此，阿富汗并没有公布防疫方面的任何实质性举措。

三个小时后，飞机在喀布尔机场降落。机场很小，与繁华且体量庞大的迪拜机场形成了鲜明对比。首先映入眼帘的是机场里停放着的一架架军用直升机，它们让我感觉到了这个城市特有的氛围。

走进抵达大厅，马上就看到了手持AK47自动步枪的安保人员，这是我以前在任何机场都不曾见过的场景，也让我对"战乱国家"这个词有了初步的切身感受。

机场的地勤人员中，少数人佩戴了口罩，对乘客戴不戴口罩也没有要求。边检人员身着制服，女员工则都戴了头巾。轮到我时，工作人员让我在指纹采集器上录入指纹，并示意我看摄像头拍照，然后翻了翻我的护照后，一言不发，对我做了一个手势，迅速放行。

取行李的大厅很小，只有

◎ 喀布尔国际机场航站楼（2021年1月）

一条行李传送带。一般的机场都是取到行李后就可以见到迎接自己的亲朋好友,喀布尔机场则与众不同,出了行李大厅后就到了室外,要一直走几百米后,走出机场的院子,才能见到亲朋好友,有一个大铁门将机场的院子与接机的人们分隔开,亲朋好友都在大铁门外。

正值傍晚,出机场去市区的主干道堵得水泄不通,沿途可以看到有些车上的乘客也是荷枪实弹,军警驾驶着架设了机关枪的皮卡,而有些持枪的人并非军警,乃是私人安保力量。在这里,持枪者随处可见,戴口罩的人却很罕见。

车辆行驶非常缓慢,隔三岔五就会有小朋友在熙熙攘攘的车流中过来敲车窗要钱,还有的小朋友手里拿一块脏抹布,象征性地在前挡风玻璃前擦两下,便伸手要钱,眼神中充满了渴望。

车行至喀布尔著名的地标马苏德广场,接我的同事跟我说,2019年这附近曾遭火箭弹袭击。不一会儿,路过一座清真寺,同事又说这儿也发生过大规模恐袭事件。他说这类袭击在喀布尔不计其数,初来乍到的我听得心惊肉跳。

面对各种层出不穷的袭击事件,在喀布尔的外国人也没有更好的办法保护自己,最基本的办法是物理隔绝。一路走来,很多建筑都被保护在巨大的防爆墙之内,看不到里面的

◎ 喀布尔街头的防爆墙和铁丝网,习以为常的商贩在做生意

"庐山真面目"。

临近新华社喀布尔分社，途经的多家外国使馆都是被圈在防爆墙之内的，这种区域相对安全封闭，被称为"绿区"。大部分袭击很难对身处高墙内的各国外交官造成严重伤害，在各类恐怖袭击中丧生或身负重伤的更多还是当地民众。

在我赴任喀布尔之前，有些朋友问我，去阿富汗常驻，你不害怕吗？我虽然主动选择去阿富汗常驻，但也并非完全不担心那儿的安全形势，第一次驻外就去战乱国家，也是我之前并没有想过的。阿富汗的恐怖袭击无处不在，在我赴任前夕，阿富汗的安全形势已经恶化，小规模的袭击每天都在发生，死伤惨重的袭击也不罕见，就在我出发去喀布尔前两个月，喀布尔大学刚刚遭受武装分子袭击，20多人死亡。

李白的《战城南》一度萦绕在我的耳畔："烽火燃不息，征战无已时。"我也想过，此去阿富汗，"野战格斗死""乌鸢啄人肠"会是我以后工作和生活中的常见景象吗？

法国作家罗曼·罗兰说："世上只有一种英雄主义，就是在认清生活真相之后依然热爱生活。"对于战地记者来说，认清战地凶险的真相之后依然选择前往，或许也能勉强算是一种英雄主义。

第二章
入驻"高端社区"

喀布尔河从城中流过,将喀布尔一分为二,河北岸为新城,使馆区、高端商业区、总统府、高级住宅区等都位于北岸;河南岸为老城区,贫困的居民多居住在那里。

初到新华社喀布尔分社

新华社喀布尔分社位于使馆区维齐尔阿克巴·汗(Wazir Akbar Khan)区,这里分布着大量外国使馆、国际媒体和其他国际机构。

维齐尔阿克巴·汗区这个名字,源于一百多年前阿富汗争取民族独立的岁月。维齐尔阿克巴·汗是阿富汗人民崇敬的抗击英国侵略的民族英雄,"维齐尔"是官职名,意为宰相。他是阿富汗历史上颇有作为的国王多斯特·穆罕默德的第四子,也是他最精明能干的儿子,阿克巴于第一次英阿战争(1839—1842)期间领导抗英斗争,并曾任维齐尔,据说他还亲手杀死了英国特使威廉·麦克诺滕。

与其他国家的高端社区不同,维齐尔阿克巴·汗区并没有美轮美奂的建筑和光鲜亮丽的景色,相反,道路坑坑洼洼,每隔几十米就有一个用水泥砌成的路障,这是为了给恐怖分子或武装团伙制造交通障碍。有些路段,路边就堆放着垃圾,还有很多都是断头路,几百米的路尽头是高大的防爆墙,无法通行。

建筑基本上都是独门独院的两层别墅,大多数相对老旧,墙上布满了铁丝网,并装着摄像头。地下室也是标配,一般都有厚厚的钢板做成的门跟楼上隔开。地下室发挥着安全屋的作用,碰到爆炸和袭击,可以迅速到地下室躲避,我在后来的日子中深刻体会到了配备地下室的必要性。

行走在这里,最明显的感受是,基本上每个院子门口都有三三两两的持枪保安,无论是开车经过,还是步行经过,这些保安都会格外警惕,会一直注视着车或行人,目送这些路人经过自己守卫的院子。

分社所在的街口设有一个岗哨,由3名警察守卫。每次进出街口,司机打招呼后,他们会打开拦截车辆的大铁杆,给车辆放行。同事告诉我,这个街口之所以设有岗哨,多亏了挪威驻阿使馆。当时使馆就在这条街上,阿富汗政府为了保护他们设了岗哨,后来使馆搬走了,但岗哨保留了下来。这条

◎ 喀布尔的"高端社区",新华社喀布尔分社位于此地。积雪融化后,泥泞满地

街虽不起眼,但也可谓国际机构云集,分社的隔壁是一家美国诊所,每次出门都能看到两名持枪保安驻守,不过,我从来没有看到有人从诊所进出。有3名警察执守街口,让我觉得安心不少。每次出行,我都会和警察打招呼,此外,逢年过节我还会给他们送点小礼物,一方面是慰问和感谢,另一方面当然是期望他们能够尽忠职守。

我刚走进分社院子,就听到狗在大声吠叫,原来分社除了中国记者、当地雇员外,还有两条德国牧羊犬负责安保,一个叫Leo,一个叫CC。

办公室的外墙边堆着的沙袋足有两米多高,把窗户挡了个严严实实,这是防爆和防流弹用的。对于恐怖袭击频发的喀布尔来说,这是必需品。例如,2017年5月31日,德国大使馆遭恐怖袭击,一辆装满炸药的大卡车在德国大使馆外发生爆炸,造成上百人死亡。距离德国大使馆数百米外的分社的玻璃被震碎,在办公室内散落一地。

在喀布尔上空,每隔几分钟就会飞过轰隆作响的直升机,有时候它们飞得很低,会震得办公室玻璃哗哗地响。远处还可以看到空中飘着一个大的充气飞艇,是北约驻阿富汗的军队用来监控喀布尔市区安全状况的。

◎ 分社所在街口的岗哨,警察在执勤

冬天的必备技能

我到喀布尔的时候，恰好是冬天，刚下过一场雪，院子里的雪还未融化。不过，办公室却非常暖和，这要归功于办公室内的取暖神器——炉子。与国内不同，喀布尔没有公共供暖系统，分社冬天要靠烧炉子取暖，而燃料就是木材。为什么不用电暖器？因为喀布尔每天超过一半的时间都在停电，分社有一台发电机，它的主要任务是为电脑等办公设备供电。这台发电机老旧，根本无法靠它带动电暖器。

因此，在喀布尔工作，冬天必须掌握的一项技能就是劈柴。生炉子时需要先用一些薄薄的小木片将大块的木材引燃，市场上没有这种小木片出售，需要自己把大木头劈成小薄片。分社的保安负责劈柴，我在工作之余，也会给保安帮忙。这种取暖方式让我想起了童年的乡村生活，也是这样帮着大人劈柴、生火、烧炉子做饭，倒也不觉得苦。

烧木材取暖看起来是一种原始的取暖方式，但在喀布尔，其实是一件非常幸福又略显奢侈的事情，因为只有中产以上的家庭才能烧得起木材，很多贫困的喀布尔市民为了取暖，只能烧废旧轮胎、垃圾等任何能够燃烧的材料。这也导致一到冬天，喀布尔的空气污染就异常严重，空中总是笼罩着一层厚重的雾霾。尤其到了晚上，老百姓开始烧火取暖后，污染更甚。

傍晚时分，从分社办公室走到院子里，常能闻到刺鼻的味道。虽然已经天黑，但是依然能够看到空中缭绕的烟雾，这种污染程度，PM2.5指数肯定"爆表"。

连购物都觉得像历险

到分社后的第二天,我去了附近的超市买日常用品。超市门口有一名持枪保安驻防,大门紧闭,保安观察了一下前来购物的我们,确认我们对超市安全不会构成威胁后,便跟铁门里面的另一位守门人通报,让他把闩上的大铁门打开。等我们进去后,他立刻将大门闩上。

对超市来说,安保是头等大事,对防疫则是完全无视,不仅门口的保安没有佩戴口罩,超市里的工作人员也都没有佩戴口罩,顾客中也只有我和同事两人戴口罩。

这家超市如此重视安保实属无奈,因为数年前曾遭袭击,持枪的武装分子进入超市后对购物者进行了无差别扫射。

在喀布尔遭受袭击已经司空见惯,其中多次袭击就发生在分社附近。离分社约30米远的一条街上原本有家著名的黎巴嫩餐厅,我们的多任记者都光顾过,2014年初该餐厅遇袭,21人死亡,其中13人为外国人,包括时任国际货币基金组织驻阿富汗代表瓦布尔·阿卜达拉。

说到底,在阿富汗,多年来战乱、袭击、暴力、流血等挥之不去的死亡阴霾,远比重创世界的疫情更具震慑力,相比之下,疫情反而是无暇去担心的"小事"了。

第三章
喀布尔如何成为首都

阿富汗面积64.75万平方公里，人口约4000万，其中普什图族占40%，塔吉克族占25%，还有哈扎拉、乌兹别克、土库曼等20多个少数民族。普什图语和达利语是官方语言，各民族通用达利语。阿富汗是中国的邻国，东北部凸出的狭长地带与中国接壤，中阿边界全长92.45公里。

阿富汗首都喀布尔位于兴都库什山南麓，海拔约为1800米，四周群山环绕，约500万人口。

杜兰尼王朝往事

喀布尔河南岸的老城区，很多房子非常老旧，不过这些老旧的房子或许是幸运的，因为它们躲过了战争的摧残，在20世纪90年代军阀混战时期，喀布尔被多个派别分区占领，他们相互攻伐，很多建筑在争斗中因遭火箭弹袭击而被毁或严重受损，至今仍有部分毁于战火的房屋未被修复。

其实在20世纪90年代之前，喀布尔的老城区还生活着大量中产阶层的民众；惨遭战火蹂躏后，他们大量逃亡国外或搬离这个区域,如今,生活在老城区的多为相对贫困的民众。

喀布尔河的河床如今已几近干涸,仅有少许污水。在喀布尔河南岸的老城区,喀布尔河沿岸有一条名为帖木儿·沙阿的路,目测五六米宽,现在已经成为老城区的著名市场,路边摆满了小摊儿,把公路挤得只剩下一条机动车道可以通行。即便如此,司机开车时也得小心翼翼躲避横穿马路的顾客和一些离车太近的小摊儿。在这个马路市场上,各种生活用品琳琅满目,衣服也种类繁多,很多都是洗干净的二手衣物。这儿的小商品和衣服比商场里的便宜很多,来此购物的

◎ 喀布尔河沿岸的街头市场

都是生活在老城区、经济条件不太好的民众。

在卖衣服的摊位中间,有一个几乎被拥挤的摊位遮挡住的公园大门,不刻意寻找的话,很容易就错过了。这个公园叫帖木儿·沙阿公园,里面有阿富汗杜兰尼王朝第二位国王帖木儿·沙阿的陵墓。正是这位国王,将杜兰尼王朝的首都从阿富汗南部的坎大哈迁到位于北方的喀布尔。为了更好地保护帖木儿·沙阿的寝陵,阿富汗政府曾经规划过搬迁占道经营的市场,但是一直都

没有实现。

阿富汗作为一个单一的国家独立于1747年，在那之前，阿富汗目前的疆域都是更大的其他帝国的组成部分。1747年，年仅25岁的普什图人艾哈迈德·沙阿在阿富汗南部的坎大哈创建了阿富汗历史上第一个独立的王朝。艾哈迈德·沙阿登基后采纳了"杜兰尼"这一新名字：艾哈迈德·沙阿·杜兰尼。"杜兰尼"意为珍珠中的珍珠，他所在的部落也改称杜兰尼部落，他所创建的王朝也被称为杜兰尼王朝。

王朝全盛时期，疆域东起印度旁遮普，西至里海，南临阿拉伯海，覆盖了如今的阿富汗、伊朗东北部、巴基斯坦以及印度部分地区。杜兰尼王朝持续了近两个半世纪，为了纪念艾哈迈德·沙阿创建近代阿富汗的丰功伟绩，阿富汗人将他尊为国父。

艾哈迈德·沙阿在征服如今位于乌兹别克斯坦西南部的布哈拉时，据说从布哈拉的埃米尔那儿得到了一份厚礼：伊斯兰教先知穆罕默德穿过的斗篷。艾哈迈德·沙阿·杜兰尼在坎大哈修建了一座圣殿来存放这件珍贵的斗篷。1994年，塔利班创始人奥马尔在率兵攻占坎大哈后，便穿上了这件斗篷向世人展示。

艾哈迈德·沙阿·杜兰尼1772年去世后，他的次子帖木儿·沙阿·杜兰尼即位，由于帖木儿·沙阿在坎大哈的统治根基不稳，为了摆脱其父当政时掌握大权的杜兰尼权贵的势力，他把首都迁到喀布尔，从此开启了喀布尔作为阿富汗首都的历史。这对帖木儿·沙阿来说，是一个好的选择，喀布尔拥有坚固的巴拉希萨尔城堡，里面还有莫卧儿帝国统治者修建的宫殿，而且喀布尔商业发达，气候也比较宜居。

帖木儿·沙阿统治期间，由于多个实力强大的部族多次反叛，他丢失了自己的父亲为阿富汗开拓的包括今天位于伊朗和印度的部分领土。

静谧的帖木儿·沙阿陵

1793年，帖木儿·沙阿去世，他的第五个儿子扎曼·沙阿·杜兰尼即位，他为帖木儿·沙阿在喀布尔河南岸修建了这座寝陵。这座寝陵也是喀布尔现存最大的伊斯兰风格的建筑之一。

进入帖木儿·沙阿公园大门，一座带有巨大穹顶的建筑赫然出现在眼前，这就是帖木儿·沙阿的寝陵。公园里面绿树成荫，非常静谧，公园大门仿佛分隔开了两个世界，外面车马喧嚣，市场人声鼎沸，公园里只能听到鸟的叫声。去世于1793年的帖木儿·沙阿已经在此长眠了两百多年，也见证了喀布尔这两百多年的荣辱兴衰。

寝陵用砖砌成，在20世纪90年代阿富汗内战期间，这

◎ 阿富汗前国王帖木儿·沙阿的陵墓、墓室

座建筑遭火箭弹袭击，加之年久失修，损毁严重，穹顶也部分坍塌。2002年阿富汗政府对这一建筑进行了修复。陵墓是一个六面体建筑，正面所在的墙中央都有一个矩形框架围括的巨大券门，进入之后是一个空荡荡的大厅，从窗子里透进来的光凸显了大厅的肃穆。陵墓的一面外墙下方有一个拱门，从拱门进去，向下方走去就是同样用砖砌成的墓室，帖木儿·沙阿和他的妻儿就葬在里面。

帖木儿·沙阿在位21年，虽然开启了喀布尔作为阿富汗首都的历史，但是由于统治期间政局不稳，他并没有像自己的父亲般创立一番伟业。

我随机问了一些喀布尔市民，只有极少数人知道帖木儿·沙阿，大部分人听到他的名字一脸茫然，更不知道他的陵墓在喀布尔。分社的阿富汗雇员告诉我，大部分阿富汗人只知道阿富汗的末代国王查希尔·沙阿，对之前的国王知之甚少，普通阿富汗民众对阿富汗的历史也不太了解，对于伊斯兰化之前的阿富汗历史更是接近于一无所知。

帖木儿·沙阿去世后，留下的24个儿子争权夺利，陷入内战，杜兰尼王朝命运多舛。

陵墓旁的喀布尔河虽早已干涸，但时间长河却一直奔涌向前，正如杜兰尼王朝虽然早已湮没在历史烟云中，但喀布尔自那时起一直都是这个国家的首都，这或许就是帖木儿留给阿富汗的最大遗产，尽管他在喀布尔已经渐被遗忘。

第 四 章
世界上最危险的首都

根据美国特朗普政府与阿富汗塔利班2020年2月29日达成的协议，驻阿美军及驻阿北约联军部队要在2021年5月前撤离。但是特朗普连任总统失败，拜登于2021年1月20日宣誓就职。我在拜登就任美国总统两天后抵达喀布尔。

美国政局的变化直接影响着阿富汗局势。拜登就任后，无论是美国扶植的阿富汗政府，还是塔利班，都非常关注他的阿富汗政策：他是否继续执行特朗普政府的协议，是否会按照协议规定于5月前将军队撤离。

在各方观望之下，阿富汗的安全形势加剧恶化。进入2021年1月，喀布尔几乎每天都会发生至少一起袭击事件。阿富汗政府虽然一直声称政府军有能力保护人民安全，但肯定非常希望拜登政府改弦更张，继续在阿富汗驻军；而塔利班则在美国出兵20年后看到了美军撤离的希望，因此多次强调美国政府必须执行和平协议。

安全形势为何日趋恶化

和其他战乱地区不同，在阿富汗，尤其是喀布尔，驻外人员面临的最大安全风险不是炮火硝烟，而是各类袭击事件。这些袭击事件主要可分为三种：

第一种是磁性炸弹袭击。这种炸弹个头不大，具有磁性，可以吸附在汽车底盘上。袭击者可以事先设定爆炸时间，也可以手动控制爆炸时间。磁性炸弹在阿富汗只需要几百阿富汗尼（约合人民币几十元）就可以搞到，但是杀伤力非常大，一旦遭袭，车上乘客几乎一定会死亡。这类袭击多发于早晚出行高峰，除了袭击目标，目标车辆附近的汽车和行人也都会跟着遭殃。

磁性炸弹袭击的目标多是政府官员、社会活动人士、法官、记者、外籍人士等，当然也有一些是针对平民的，如把公交车作为袭击目标。

第二种是枪击。袭击者通常持突击步枪、骑摩托车出现在街头，待确认目标后，迅速向目标开枪，作案后迅速逃离。袭击者的目标通常是汽车中的乘客，当然也有行人。由于这种袭击频发，以至于喀布尔市政府出台规定，禁止摩托车上路。但是这条规定形同虚设，此类枪击事件依然层出不穷。

第三种是自杀式袭击。此类袭击主要针对一些人员密集的场所，比如清真寺、政府机构、酒店以及外国使馆等。自杀式袭击者通常引爆身上的炸弹与受害者同归于尽。此类袭击发生的场所大多人员密集，一般都死伤惨重。

以上几种袭击方式是喀布尔的老百姓面临的最大安全威胁，但是在阿富汗其他省份尤其是农村地区，战争依然是造成平民伤亡的重要原因，一些住在交战区的民众会死于各方的交火。还有很多平民死于美军发起的军事行动，尤其是空袭。

正是由于恐怖袭击多发，根据总部位于悉尼的经济与和平研究所发布的年度恐怖主义指数,阿富汗连续多年被评为"世界上最危险的国家"。我认为,喀布尔当之无愧是"世界上最危险的首都"。

在喀布尔发生的各类袭击新闻基本都是烂尾的,很少有抓到凶手的后续报道。事实上,政府执政能力太弱,也基本抓不到凶手。

在喀布尔重要路段,安全岗哨众多,荷枪实弹的军警盘查过往车辆和行人,还有大量警车不停在街上巡逻;天空中每隔几分钟就有不同型号的直升机呼啸而过,北约的监视飞艇也全天候飘在空中。这种全方位的安保表象中看不中用,根本防范不了各类袭击事件的发生,貌似严密的安保体系实则像筛子一样千疮百孔。

那么,这些袭击事件的凶手是些什么人?凶手主要有以下几种可能:

第一,"伊斯兰国"组织和"基地"组织等各类恐怖组织。据阿富汗媒体报道,美军2001年出兵阿富汗之前,阿富汗境内的恐怖组织为个位数,但在美军打着反恐旗号在阿驻扎20年后,阿富汗境内的恐怖组织却增加到20多个。阿富汗之所以出现"越反越恐"的局面,是因为美国采取了选择性反恐策略,美国一直培植和利用恐怖组织,破坏阿富汗周边地区的稳定,并未将主要精力用于根除阿境内恐怖组织。甚至还有一些阿富汗民众怀疑是美国资助了其中一些恐怖组织。

第二,塔利班。2001年塔利班被美国推翻后消停了几年,后来又招兵买马卷土重来。至2021年初,塔利班已经控制了阿富汗的半壁江山,阿富汗政府基本上只能比较稳固地掌控城市,而塔利班则占据了广袤的农村地区。阿富汗政府和塔利班一直互有攻伐，除了通过发起战斗争夺地盘外，阿富汗政府一直指责塔利班在重要城市制造袭击事件。每当城市中发生各类袭击事件后，政府基本上都会第一时间指责塔利班。军警、官员等政府目标遭袭，塔利班对于政府的指责一般都拒不回应，既不承认也不否认，但是对于平民遭袭，面对指责塔利班一般都会迅速否认。

除了恐怖组织和塔利班以外，还有一些袭击事件据说是缘于私人恩怨，是仇家之间寻仇造成的。另外，当地民众中还流传着一种无法证实的说法：有些因各种原因被政府视为眼中钉的人，是被安全部门以袭击的方式杀掉的。

无论袭击事件背后的凶手是谁，喀布尔老百姓都是非常无奈的，很多人每天早上出门都担心晚上回不了家。大量市民的亲朋好友都有遭到袭击的经历，我们分社的雇员法里德·贝赫巴德就是其中之一。2020年9月9日早高峰，喀布尔第四警区街头，第一副总统阿姆鲁拉·萨利赫的车队遭遇炸弹袭击，10名平民死亡，15人受伤。萨利赫本人躲过一劫，只受了轻伤。发生爆炸的那条街是法里德·贝赫巴德的外甥穆什塔巴·艾哈迈迪上学的必经之路，艾哈迈迪在当天的袭击中不幸遇难。

2021年1月以来，袭击事件愈演愈烈，越来越频发，喀

◎ 喀布尔没有红绿灯，交警在指挥交通

布尔每天都会发生少则一起多则三五起爆炸或枪击等恶性事件，每天都有人死于非命。阿富汗一些分析人士认为，这可能是塔利班加大了对政府力量的袭击力度，通过恶化安全形势让拜登政府认清形势，不再恋战，而是履行与特朗普政府达成的撤军约定，尽早从阿富汗这个战争泥潭脱身。

小心翼翼外出采访

虽然安全形势非常恶劣，但外出肯定是无法避免的，采访要去，活动也得参加。为了最大限度避免外出时遭遇袭击，我们每次的去程和回程会选择不同路线，同时还要避开袭击高发的上下班早晚高峰。我每次下车采访，都要司机留在车上，以防恐怖分子在车上贴磁性炸弹。因为有些袭击者甚至会在拥堵的路段趁车主不备，将磁性炸弹吸附在汽车底盘上。分社车辆悬挂的是外国车牌，这种车辆是某些恐怖组织的袭击目标之一。

我的第一个采访目的地是喀布尔大学，距分社大约7公里，但是要经过非常拥堵的路段，所以花了半小时才到。堵车的时候，有不少儿童和身穿罩袍的妇女敲打车窗乞讨。这是我到喀布尔后第一次外出采访，说实话，车堵在路上缓慢前行令我有些焦虑，我主要是担心一旦发生袭击，在这种情况下很

◎ 喀布尔街头驶过的军警车辆（2021年2月）

难脱身。

喀布尔或许是世界上唯一没有红绿灯的首都，有些重点路口有交警在指挥交通。当地人认为，交警比红绿灯更加管用，如果只有红绿灯，肯定无人遵守，交通会乱套。

在没有警察执勤的路口，非常考验驾驶技术，从各个方向开来的车在路口交会时，司机会进行简单的眼神交流，迅速决定谁先走。不过，据我观察，很大程度上还是要靠争抢，谁抢先了谁就先过。

喀布尔市区行驶的汽车大部分都是老旧的二手车，以日本的丰田车居多，新车相对较少，但是偶尔也可以看到一些豪华防弹车，车主多为国际机构、阿富汗政府高官和当地富豪。按照阿富汗法律规定，上路的汽车是方向盘在左边的左舵车，尽管如此，在路上经常能看到右舵车。当地人说，这些右舵车大都是从巴基斯坦非法走私过来的，巴基斯坦的汽车都是右舵车。我后来去伊斯兰堡发现，那儿的车整体状况比喀布尔好得多，没这么老旧。这些右舵车并没有在政府车辆管理部门登记，但是照样能堂而皇之地在路上开，也没有人管，而且不少小汽车都超载严重，经常副驾驶坐两个人，后排还挤着四个人。

喀布尔没有政府规划的公交车，只有一些私人运营的公交车，以小型面包车为主，而且通常都是满载。这些公交车中的乘客不时就会成为恐怖袭击的受害者。由于女性在喀布尔不能骑自行车，公交车搭载的很多乘客是女性，有些还会带着孩子，因此妇女儿童在公交车遇袭案中死伤的比例大大超过男性。我到喀布尔不久就发生了一次公交车遇袭事件，一名怀孕的母亲带着3岁的儿子乘车，母子都不幸遇难。即使明知有遭袭击的危险，这些乘客也只能每天冒着生命危险乘坐公交车上下班。

他们为何住在山上

喀布尔的房子大都比较低矮破旧，高层的楼房相对较少，整体的市容市貌还比不了中国的一些县城。市中心的重点区域检查站很多，都由持枪的军警把守，路边的银行门口的安保人员也个个荷枪实弹。经过一片熙熙攘攘的商业区，路边都是卖东西的小商贩，小商贩卖的衣服和鞋子都是二手的。阿富汗贫困民众数量太庞大，大都买不起新衣服，很多人就买这些二手衣服穿。

开出商业区之后，两侧是山。喀布尔四面环山，基本上所有的山坡上都密密麻麻盖满了房子，上面住满了穷人。最初在山上盖房子不用花钱买地，所以穷人都去山上盖房子，越盖越多，房子从山坡一直蔓延至快到山顶。

自从2001年美国出兵阿富汗以来，很多国际援助资金涌入阿富汗，尤其是喀布尔，加之很多省份战乱不已，大量外来人口来到喀布尔，或逃难或寻找工作机会，他们无力购买或自建房子，也租不起市区的房子，有许多人只能住到流离失所者营地，可谓"上无片瓦遮身，下无立锥之地"，只能住在帐篷中，而且有些家庭一住就是好多年。

还有一些情况稍好的人就跑到山上建房子。山上的房子大部分都是黄褐色的土房子，也有少数砖混结构的房子鹤立鸡群。最初，山上的房子都不通水电，需要下山买水，多用毛驴驮到山上，晚上也一片漆黑。后来，山上逐渐通了电，但是至今山上的房子大都没有通水。

◎ 从建在山坡上的民居俯瞰喀布尔市区

到了喀布尔大学门口，大铁门紧闭，门前的铁栏杆也拦住了去路。门口的警察问我们找谁，我们赶紧跟采访对象打电话。他跟警察说明情况后，警察打开栏杆又打开大铁门。从铁门进去后，我们又被要求停车。警察让我们下车，把车里里外外检查了个底朝天，连车里面的手套箱、座椅下都检查了，后备厢自然不用说。最后拿出一个车底探测镜，把探测镜伸到车底下，绕车一周查了一遍。司机法里德对我说："他在检查车的底盘上有没有被放置磁性炸弹，你以后就会习惯了，去很多地方都需要这种检查。"我问他："这么严格的检查，跟喀布尔大学两个月前遭恐怖分子袭击有关系吗？"法里德说："有关系，那次袭击20多人死亡，袭击发生后喀布尔大学的安检严格了很多。我们之前一直都觉得喀布尔大学是最安全的地方，谁也没想到连这儿都会发生这么悲剧性的袭击事件。"

此时的喀布尔大学正处在假期，校园中没有学生，非常静谧，与校园外面的吵吵嚷嚷有天壤之别，犹如世外桃源。中国政府援建的喀布尔大学教学楼已经拔地而起，即将竣工。除了中国，日本、巴基斯坦等国都给喀布尔大学援建过教学楼。而且校园里还有一座漂亮的中式建筑——孔子学院，采访结束后，我专程去拜会了孔子学院中方院长卫国强博士。卫院长为人热情爽朗，即将回国的他向我介绍了孔子学院的情况。问起两个月前那场袭击，卫院长依然很是激动："我非常清楚地听到了枪声，但因为只想着引导学生躲避到安全房间，就没顾得害怕。现在想想是有些后怕的，因为当时如果恐怖袭击的目标是孔子学院，那结果就不可知了。"我问他来喀布尔之前想到过会碰到这种袭击吗，他很认真地说："既然决定来这儿工作，对于这种事情是有思想准备的，甚至想到了最坏的结果，也做了最坏的打算。"

卫院长热情挽留我们吃晚饭，他说明天就要回国了，"你们去我宿舍坐会儿，我们一块儿吃晚饭，既是给你接风洗尘，也是为我送行"。卫院长的盛情邀请，让我们难以拒绝，而且在阿富汗这个中国人很少的国度，中国人聚在一块儿也很不容易，我们便不再推辞。卫院长是山西人，他在宿舍里一边跟我们聊天，一边做自己最拿手的刀削面，他和面削面手法娴熟，一气呵成。我说："看卫院长这手法，经常做刀削面吃。"他回应说："就好这一口，在这个地方，要想吃只能自己做。"作为北方人，面条也是我喜欢的食物，那晚吃到的刀削面格外香，比我以前在任何饭店吃到的都美味，刚到异国他乡的我立刻感受到了故乡的温暖。而且，这也是我在喀布尔一年多的时间里吃到的唯一一碗刀削面，在以后可以算得上孤独的喀布尔岁月中，我不时会想起这碗温暖的面。

◎ 冬季的喀布尔大学校园

吃过饭,回分社天色已晚,一路畅通,不仅街上没有什么行人,行驶在路上的车也没几辆。安全形势恶化,喀布尔市民夜间一般不会出门。

白天经过的几座山,此时,山上的很多住户都亮着灯。从远处看,点缀着星星点点灯光的山坡成为夜幕下喀布尔为数不多的亮色,给人一种唯美夜景的错觉。其实,住在山上很不方便,尤其是住得越高越不方便,每天出门和回家还得翻山越岭。上下山的道路非常狭窄,有些路段还垃圾遍地、污水横流。住在山上的民众虽然都很贫困,但是还是有分别的,住得越高一般房子建得越晚,往往也越贫困,最贫困的那部分家庭甚至都没有钱在山上建房子,他们虽然也住在山上,但房子是租的。

夜晚,喀布尔的几处交通要道都有路灯,个别的商店还有霓虹灯的招牌。刚进分社大门,Leo和CC就摇着尾巴跑过来迎接我们,让我在一路惶恐之余得到一丝温暖和安慰。

第 五 章
安全形势没有最差，只有更差

一大早，喀布尔就发生了三起爆炸，即便这样，我和同事还是要去趟银行，给分社的银行账户做交接，因为同事即将离任回国。而且，自从我来喀布尔工作后，几乎每天都有袭击事件，也不可能因为有袭击发生就不出门。

阿富汗政府和塔利班从2020年9月开始的和谈，到2021年初毫无进展，安全形势在边谈边打的态势下更加恶化，阿富汗政府将大部分袭击归咎于塔利班，认为塔利班是要借袭击取得更多谈判筹码。我来喀布尔最初几天，很明显感觉到，在喀布尔，爆炸根本算不上新闻，哪天没发生爆炸才是新闻。

两位当地同事

分社的阿富汗同事奥米德跟我说："这是喀布尔近20年来最危险的一年，以前没有像今年这样频繁发生袭击事件。虽然欢迎你来到喀布尔，但是说实话，你来得真不是时候。""你每天生活在这儿，会害怕吗？"我问道。他说："每天都有袭击发生，我当然害怕了。说实话，我以前都没有怕过，但是今年确实不一样了，袭击太多了，我现在每天开车出门都要先检查一下车辆，看看有没有人往我车上放炸弹。最可怕的是，我不知道敌人是谁，也不知道他们在哪儿，更不知道他们会从哪儿冒出来。"

分社另外一位更资深的同事哈利姆问我："你来这儿工作，你的家人、你的妻子同意吗？他们不担心你的安全吗？"我老实跟他说："我的家人和妻子都不赞成我来这儿工作，他们挺担心我的安全的，不过，为了让他们放心，我骗他们说这儿没有媒体上报道的那么不安全。"

哈利姆说，虽然现在的喀布尔每天都有袭击事件发生，但是比起上世纪90年代内战时期还是要好多了，当时各派军阀占据了喀布尔不同地区，那个时候他们不光互相打枪，还经常会向居民区发射火箭弹和炮弹，炮弹满天飞，打死了成千上万的喀布尔市民，很多建筑化为废墟。"当时咱们分社所在的地方成了空城，大家都跑到国外去躲避战乱了，我也从喀布尔去了伊斯兰堡避难。"我只得说："看来喀布尔的安全形势没有最差，只有更差。"他笑着说："所以不必太担心，少出门，出门多注意，好运会伴随你。"

哈利姆说的那个最混乱的时代是1992—1996年。1992年，苏联扶植的阿富汗人民民主党政权倒台后，各派反政府势力成立了临时政府。但是这个拼凑起来的临时政府，由于各派争权夺利而四分五裂，拥兵自重的军阀各自抢夺势力范围。多达11个派系控制了喀布尔不同区域，他们频繁互攻，使当时的喀布尔堪称人间炼狱。

奥米德之所以对安全形势比哈利姆表现得更加担忧，还有一个很大的原因是他们所属的民族不同,哈利姆是阿富汗第二大民族塔吉克族,而奥米德是哈扎拉族。阿富汗大部分民众是伊斯兰教的逊尼派,而哈扎拉族则是什叶派,因此不免受到一些思想极端的逊尼派穆斯林的歧视。更糟糕的是,"伊斯兰国"组织非常敌视什叶派穆斯林,把他们当作重点袭击目标。位于喀布尔西部的达什特巴尔奇地区是哈扎拉族聚居区,也是袭击事件频发的重灾区,我日后对此体会很深,那儿经常发生伤亡惨重的袭击。奥米德跟我说,学校是一大袭击目标,他每天都非常担心自己孩子的安全。

奥米德老家在加兹尼省,他说他小时候家里很穷,他们上学的教室只有一块黑板,空空如也,"地面就是黄土的,连地毯都没有,也没有钱买文具,冬天冷得不行"。不过,或许是艰难的生活磨砺了他,奋发好学的他考上了阿富汗最好的大学喀布尔大学,毕业后留在了喀布尔,算是改变了命运。但是他说:"我已经好多年没有回过老家了,不是不想回去,而是不愿意冒风险。回老家要经过塔利班控制区,他们对给外国机构工作的人非常敌视,尤其对我们哈扎拉族群更是仇恨,被塔利班抓获会有生命危险。"他说这话的时候,满脸严肃,看着他那张酷似中国人的面孔,我相信他此言非虚,起码他们都是这么认为的,他们对塔利班的恐惧发自内心。尤其哈扎拉人长着一副东亚面孔,非常容易辨认。此外,塔利班1996年上台时曾经残酷镇压过哈扎拉人,这也让他们对塔利班心有余悸。

而哈利姆见证过90年代最残酷的内战时期,觉得虽然每天都有袭击,但是形势已经强于当年军阀混战时期,起码喀布尔还有一个中央政府,尽管这个政府的治理能力令人一言难尽。

奥米德说不知道敌人是谁最可怕。这主要是指阿富汗国内形势太复杂：一般的战乱国家，大都是政府军和反政府武装在对抗、在打仗，但是在阿富汗，除了政府军和塔利班在对抗以外，还有在一些地方上掌权的实力派军阀，甚至还有"基地"组织和"伊斯兰国"组织等恐怖组织存在。

我初抵喀布尔时，当地媒体都认为，塔利班制造的袭击基本以政府官员和军警为主要目标，其他恐怖组织则是以制造恐慌为目的，会对平民发起袭击，而且为追求轰动，会尽可能多地致无辜百姓于死地，而阿富汗政府则把几乎所有袭击事件都推到塔利班身上。

上街的危险

喀布尔不仅汽车炸弹等袭击事件频发，社会治安状况也非常糟糕，光天化日之下会有人持枪抢劫，还不乏绑架勒索赎金的案子，对外国人来说尤其危险，外国人绝对不能步行出现在街头。我从来没有看到过一个西方面孔走在喀布尔的大街上，他们都是躲在绿区的围墙内不出来。

在别的国家，堵车只不过是让人心烦，在这儿堵车变成

◎ 喀布尔屠夫街，著名的牛羊肉市场

了一件危险的事情，总会有人趁机袭击或抢劫，所以开车出行不光要避开上下班高峰期，而且还要把车门锁上，车窗紧闭。

在国内生活久了，一直生活在和平安定的环境中，是无法体会战乱国家的生活状态的。阿富汗人在这种环境下生活也并没有麻木，很多人也是提心吊胆，非常担心碰到意外。

我看过一些在阿富汗旅行过的中国人写的文章，他们自己没碰到意外就淡化阿富汗安全形势的恶劣一面，这样误导读者，非常不负责任。

就像我在喀布尔大学校园内感觉很安全，但喀布尔大学这种世外桃源不能代表真正的喀布尔和阿富汗，更何况喀布尔大学2020年11月也经历了一次严重的恐怖袭击——这令很多阿富汗人都感到意外，所以在这个国家没有绝对安全的地方。

几次外出后，对于街上三三两两的持枪安保人员或军警，我已经司空见惯，不再有最开始那种非常吃惊的感觉。街上的行人都对这些荷枪实弹的人视若无睹，卖小吃的小商贩依然在叫卖，街边的杂货店也照常经营，一些小孩子还是在街上乞讨，而他们就在旁边。

去银行的路上堵得比平时更加严重，原来是交通管制，警察在拦车。司机说，或许有大人物要出入附近的总统府，前方禁行。我们只好绕行另外一条路，也是一样堵。这条路上有一家妇产医院。2012年时，医院所在的楼被塔利班占领。因为这儿离绿区很近，塔利班将医院作为基地，从医院向绿区内发射火箭弹。政府军与塔利班激战一夜才将他们制服。这儿离分社不远，事发时同事就躲在分社地下室中。

意外发现中国痕迹

银行门口戒备森严,设有关卡,两名持枪的保安示意我们停车,进行安检——跟我上次去喀布尔大学遇到的安检流程基本一样。他们在检查后备厢时,发现了一个急救医药箱,为了确保里面没有放置炸弹等危险物品,也要求打开检查。检查无误后,才打开大门让我们进去。

院子里停满了车,以丰田车为主,而且车况较好,不是满大街都能看到的破旧二手车。

业务大厅人很多,居然有叫号机,而且叫号机传出来的英语让我备感亲切,因为是中式口音的英语。我问了一下银行工作人员,叫号机果然是从中国进口的。

银行工作人员中有女性,全都戴着头巾,身着罩袍。男性员工绝大多数穿着紧身的深色西装,少数身着阿富汗传统的长袍。环顾四周,虽然大厅里人流量很大,但只有一个工作人员戴了口罩。

银行中的女性客户也和银行女员工的装束差不多,都戴着头巾,区别在于街上的女性大都穿一般的罩袍,只有少数女性身穿蓝色波尔卡——这是一种从头到脚把人罩起来的罩

◎ 喀布尔一家银行内

袍，在这种蓝色"流动帐篷"中，女性只能通过眼睛前方的网眼儿来看外面。

后来，塔利班执政后，我再次来到银行办理业务，有一种物是人非的感觉：银行的所有男性职员竟无一人再穿西装，全都穿着阿富汗的传统长袍。这是因为，根据塔利班当局发布的着装令，男性公务员和其他一些单位的职员上班必须身着传统长袍，禁止穿西装。

回分社的路上，经过了"屠夫街"，数百米长的街两旁都是肉铺，主要是卖牛羊肉，也有些卖菜的铺子，充满了烟火气。住在附近的外国人和富人都来这儿买肉，当然，出于安全原因，他们大都是派当地雇员过来买。后来我在这条街上买肉时，一家牛肉店的老板给了我惊喜，他竟然会说简单的中文：你好，谢谢。他说是之前有中国人来买肉时教他说的。

第六章
分社的毛孩子

分社有一只小猫,是我前任同事收养的,同事离任前把它养在自己的卧室里,怕它打扰大家办公,很少让它去办公室。我第一次见到它时,是同事罕见地把它带到办公室,它见到我,很友好地蹭了蹭我。

同事离任当天,把它托付给了我。在战乱的生活环境中,在繁忙的工作状况下,有了它的陪伴,我紧绷的神经缓解了很多。每天早上,我从楼上卧室到楼下的办公室,它就一直跟在我身后,我走一步,它跟一步。坐在办公桌前,它时而安静地趴在我脚下的地毯上,时而跳到桌上静静坐着。

我上楼时,它也亦步亦趋地跟我上楼,生怕我把它撇下走了似的。难道它觉得同事抛弃了它?怕我也抛弃它,所以要寸步不离?瞬时觉得很疼惜。

Leo 和 CC

除了小猫外,分社还有两只德牧,Leo 和 CC,分别是分社几年前的两任首席记者从中国驻阿富汗大使馆抱养过来的。它们来的时候都是小狗，领养它们的同事把它们养大。那两位同事回国时，想必Leo和CC都很伤心吧，从小把它们养大的主人都离它们而去，而且这一别可能就是永别，此生应该很难再与它们相见。

想来，这两条狗内心也是承受了巨大的悲伤，但它们非但没有仇恨人类，反而还是和人很亲，每天都期待有人陪它们玩儿。

Leo和CC被放养在分社的院子里。Leo好动，每天在院子里跑来跑去，不亦乐乎，似乎永远都不累；而CC好静，每天大部分时间都是趴在地上，很少走动，更不用说跑了。院子里杂草丛生，来分社收房租的房东哈吉先生问我，是否需要在院子里种些花，他愿意找人过来布置一个漂亮的花园。我问雇员为何之前院子里没有种花，这么荒废，雇员解释说，以前种过，但是这两条狗会搞破坏，所以后来就不种了，除非把它们关起来，不让它们在院子里活动。我觉得若把它们关起来限制活动，它们的生活就太可怜了，于是婉拒了房东好心的提议。比起赏心悦目的花园，我还是更喜欢看到Leo在院子里自由奔跑。

每次我走到院子门口，Leo和CC就知道我要陪它们玩儿了，马上非常兴奋。它们每天都从窗户外往办公室观望很多次，迫切地希望我出去陪它们玩儿。看它们那渴望的眼

◎ Leo在院子里玩磨牙棒

神，我于心不忍，每天午饭和晚饭后，我都会出去陪它们玩儿一会儿。看到我出来，两条狗都会特别幸福地摇着尾巴扑到我身上。

Leo总是乐此不疲地玩儿叼石头游戏，一看到我走进院子门，它就马上在院子四处寻找大小合适的小石头，赶紧叼过来；等我出去后，它会把小石头放到我脚下，自己赶紧跑到远处等我把石头踢到院子里，然后飞奔着过去捡起来再放我脚下，循环往复，乐此不疲，都累得气喘吁吁还是不肯罢休。

Leo和CC最令人惊叹之处，就是如果有人来分社做客，它们一看是中国人就不再继续叫了，如果看到来客是阿富汗人，便会一直冲他们吼叫，直到我制止它们才作罢。我很困惑：它们是如何区分中国人和阿富汗人的？

有同事说，它们可能是通过观察客人穿什么衣服来确定的，因为中国客人从不穿阿富汗传统的长衫，跟阿富汗人的衣着明显不一样，不知道这是不是真正的原因。

Leo和CC工作尽职尽责，只要听到分社门口有响动，它俩就会大叫，夜里听到可疑的声音，机警的它们也是马上进入工作模式，警惕性很高地大叫，提醒我们注意。

颠沛流离的小猫

我白天在办公室，小猫也基本上一整天都在办公室，大部分时间都在睡觉，不时会蹭蹭我，偶尔叫一下。它很少叫，叫的声音也很小。

它过来，我就摸摸它，跟它聊聊天。跟它聊天也是我每天唯一说中文的时刻。同事离任后,只有我一个中国记者在分社,没有中国人可以交流。有时候,夜间窗外爆炸声响起,我赶写稿件,它也会像个忠诚的小伙伴一样安静地坐在电脑旁边。

我吃饭的时候,它喜欢凑上来看,但只是看看而已,对我吃的东西并不感兴趣,经常看几分钟就睡着了。同事刚离任的那几天,它晚上好几次跑到同事以前住的房门口叫,我每次都耐心地跟它解释:"你的前主人已经回国了,我会好好养着你,不用担心。"

此外,我每次都打开门,让它进房间看一圈,屋子是空的。它或许以为主人只是短暂出差几天,还会回来,或许当年Leo和CC在收养自己的主人离任时也都这样幻想过。同事离任的时候也想过把小猫带回国,但是阿富汗跟中国没有直航航班,加之碰到疫情,很难操作。

收养小猫的同事告诉我,它并不是当地土猫。它的第一任主人是喀布尔的一户富人,后来移民去了国外,把它送给了央视喀布尔记者站的阿富汗雇员。雇员把它带到记者站,而央视的中国记者并不常驻喀布尔,认为我们分社那位爱猫的同事肯定能把它照顾得更好,便把它送给了分社同事。

几年过去,小猫早已把分社当成了家。有一次,它在屋

◎ 颠沛流离到分社的小猫

顶玩儿，雇员以为它要离家出走，用英语、当地语言呼喊它，它都没反应，于是叫我出去帮忙。我用中文叫它回来，不一会儿它就下来了。

  房间外面的世界风雨飘摇，每天都被爆炸和枪击蹂躏，而屋子里因为有了小猫或跑跑跳跳或安然入睡，让我内心安稳沉静，仿佛喀布尔的兵荒马乱与我无关。直到现在，我还时常会想到它可爱的样子，大大的眼睛、无辜的眼神，翻着肚皮打滚或者靠在我身上午休，抚慰了我当时的思乡之情。

第七章
一位阿富汗女子的纪念碑

喀布尔河畔有一座地标性建筑——双剑王清真寺，这座西式风格的清真寺始建于阿富汗国王阿曼努拉·汗统治时期（1919—1929）。

阿曼努拉·汗是阿富汗历史上一位具有传奇色彩的国王，他在位期间，实现了阿富汗完全独立。他希望建设一个现代化的阿富汗，推行了大刀阔斧的改革。他的出发点虽好，推行的政策却严重水土不服，导致改革失败，自己流亡意大利，并在那儿终老。

阿曼努拉·汗虽然改革失败，也因此失去了王位，但他给喀布尔留下了自己非常鲜明的印记。双剑王清真寺只是其中之一。他当时雄心勃勃要打造一个现代化的阿富汗，在喀布尔修建了新的王宫、议会大楼，这些建筑到现在还都在，也成为那段历史时期的见证。

双剑王清真寺是喀布尔最著名的清真寺之一，每天都会有很多人来这儿做礼拜。清真寺前空地上有很多性情温顺的鸽子，它们并不怕人，很多人过来都会顺便喂它们。

每次路过这个清真寺，经常可以看到一群鸽子在上空飞舞。

看到这一幕，恍惚间会忘记这是个战乱国家，只感觉这儿当下岁月静好。

在双剑王清真寺对面，是莫卧儿帝国一位名为钦·帖木儿·汗的将领的陵墓，他是莫卧儿帝国创始人巴布尔的堂弟，在巴布尔征服印度的过程中立下了赫赫战功。

分社同事阿里亚跟我说："我们阿富汗人比较尊崇这座圣墓，经常来此祭拜祈福。2015年时，陵墓中管事儿的毛拉叫拉因努勒丁，他经常向民众出售一种赎罪券，其实就是写有《古兰经》字句的纸条，购买的民众都相信买了它就可以抵消自己犯下的罪恶。"

"那你相信吗？"我问道。

"我当然不相信了，这只是这个毛拉敛财的手段。但是他犯下了比卖赎罪券严重得多的罪行，引发了一个年轻女子惨死的悲剧。"阿里亚说。

双剑王清真寺和钦·帖木儿·汗陵之间的安达拉比路就在喀布尔河的岸边，沿这条路向前走500米，有一个纪念碑，安放在一个从喀布尔河河

◎ 位于喀布尔河畔的双剑王清真寺，以及清真寺对面的钦·帖木儿·汗陵墓

第七章 一位阿富汗女子的纪念碑

床延伸上来的水泥墩子上。阿里亚说,这个纪念碑叫沙希德·法洪达纪念碑,就是纪念那个惨死的年轻女子的。

阿里亚向我讲述了这场人间悲剧。法洪达生前并非大人物,只是一个27岁的普通阿富汗女青年。2015年3月19日,距离阿富汗传统新年诺鲁孜节还有两天,本是欢庆的日子,但法洪达的生命却永远定格在了这一天。

去上班前,法洪达跟母亲说,下班后会帮她准备年货。下班途中她去了钦·帖木儿·汗陵,当发现拉因努勒丁在卖赎罪券时,拥有神学学位的她当即批评他,说他的行为是不对的,是违反伊斯兰教义的。

恼羞成怒的毛拉马上大喊,诬陷法洪达是美国人,还说她焚烧了《古兰经》,一群人闻声马上围了上来。这群人情绪激动,根本不听法洪达的辩解,将她拖到院子里,按在地上拳打脚踢。眼看局面已经失控,附近的警察赶来并朝天鸣枪,暴徒退去。从地上坐起来的法洪达头发散乱、满脸是血。警察将暴徒赶出陵墓院子,并锁上了院子的大门,防止他们进入。

但是很快,街上更多人加入暴徒的队伍,上百名丧心病狂的暴徒翻越陵墓大门和围墙,冲入院子,警察将法洪达拉到院子中一所房子的房顶。

不幸的是,警察没能抓紧她的手,她从房顶滑落下去。院子中聚集的数百名暴徒迅速包围了法洪达,凶残无比地用脚踹她,边踹边喊"打死她",直到把她活活打死。

此时的警察,站在房顶上,像看热闹一样,什么也没做。很多人还在现场拍摄了殴打法洪达的视频。

暴徒觉得打死她还不够解气,把她的尸体从院子里拖到安达拉比路上，开车碾过她的尸体，又将她的尸体拖行了数百米。最后，他们讨论如何处理她的尸体，有人大叫着"扔到河边喂狗"。这话真是令人不寒而栗，因为喀布尔河的河床上有很多流浪狗，我每次经过那儿都能看到。

泯灭人性的暴徒把法洪达的尸体扔到河床后，继续围上来，拿着石头拼命砸向她的尸体。发泄完这些无名火之后，他们在她的尸体上放火，但是她的衣服已被自己的鲜血浸湿，无法点燃。这些暴徒纷纷脱下自己的衣服扔到她身上，眼睁睁看着她的尸体被熊熊烈火吞噬。自此，她忍受的折磨和羞辱才算结束。

法洪达惨遭虐杀的视频很快传遍了阿富汗的社交媒体，阿富汗民众被激怒了，成千上万的男男女女走上街头抗议，要求严惩杀害法洪达的凶手。包括时任总统加尼在内的多位政要都谴责了这一暴行，最后包括教唆暴徒行凶的毛拉拉因努勒丁在内的30多人被判刑。

我问阿里亚杀害法洪达的都是些什么人，"都是极端分子吗？"

阿里亚说："他们都是生活在喀布尔的普通人，平时也不是暴徒。有些事情很难解释。"

"或许他们平时就受到一些极端思想的蛊惑？"

他说："有可能，还有就是很多人都相信那个毛拉，认为他不会说谎。"

我还跟分社同事哈利姆探讨过这件事情，他给我的回答是："在阿富汗，有些人借宗教名义传播极端主义思想，招募愚昧的人加入恐怖组织。他们并非真正信奉伊斯兰教，只是打着宗教的幌子做坏事而已。甚至还有少数所谓的毛拉，既不是真正的宗教

第七章 一位阿富汗女子的纪念碑　43

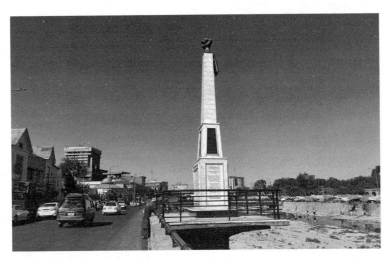

◎ 喀布尔河畔的沙希德·法洪达纪念碑

人士，也不懂伊斯兰教教义，只是借宗教之名行骗。"

我还是不太明白地问："那些人为什么这么容易受到蛊惑？"

哈利姆说："你要知道，这儿不是中国，常年战乱，很多事情跟和平国家不一样。阿富汗人整体受教育水平很低，很多人根本没有接受过教育，只是能简单识文断字。还有些人没有接受过正规的学校教育，读的是宗教学校，那里不学自然科学知识。更可怕的是，有些宗教学校的老师并不合格，自己都没有读懂《古兰经》，也不懂伊斯兰教义，只是向学生讲授经过自己歪曲的教义。阿富汗很多人文化水平很有限，自己也没读过《古兰经》，就容易受到极端思想蛊惑。"

我问哈利姆："美军推翻塔利班已经20年了，为何现在阿富汗也没有普及教育？"

"问题并不简单，不是一句话两句话就能说明白的。你如今在喀布尔街头能看到有很多孩子辍学乞讨和做工，阿富汗人整体太穷是一个很重要的原因，美国人驻军20年，但是在发展阿富汗方面并没有取得大的成就。农村地区就更贫困了，美军和阿富汗政府一直没能有效治理农村，影响力仅限于城市。"

根除极端思想的确不是一个简单的问题，而教育的提升又跟社会发展整体状况息息相关。

如今，沙希德·法洪达纪念碑伫立在干涸的喀布尔河床之上，静静地注视着过往的车辆和行人，也警醒着阿富汗人，极端思想有多么可怕。

第八章
在阿富汗的第一个春节

转眼就到了除夕，国内已经在欢庆新年了，一片热闹场景。在喀布尔，却感觉不到一丝年味儿。

在阿富汗的中国人非常少，总共也就200多人，其中大部分都是中资公司的员工，还有少量在阿富汗经商。这儿没有像其他国家那样的华人聚集的唐人街，甚至连华人超市也没有。由于安全形势持续恶化，我到任阿富汗之前几个月，最后一家中国餐馆也关门了，所以在这儿完全感受不到春节氛围，也买不到任何国内的年货。在这儿，对我来说，春节就像平时的工作日一样，照常采访写稿。

早上8点多，一声沉闷的爆炸声响起。我赶紧通知阿富汗同事核实情况，迅速发稿。写完稿件，我和同事拉赫马特一块儿去了趟税务部门。分社需要在阿富汗税务部门办理税务业务，税务部门官员对我同事说，作为分社负责人，我必须到场。

拉赫马特跟我说："你要有所准备，他可能会向你提要求，因为以前从来不要求单位负责人过去。"我们准备的材料都是充分的，但是他们为了刁难我们会找出各种理由："你能想象吗，有时候理由是电脑坏了，有时候是打印机坏了，还有时候是没有打印纸了。让你回去等,但是并不告诉你设备什么时候能修好。"

我问他们为什么要这样。

拉赫马特说:"这还不简单,他们这是在变相索要好处。"

我很好奇:"那以前我们都是怎么办理的呢?"

他回答说:"我以前有个好朋友在税务部门工作,我找他帮忙。但是最近朋友不在那儿了,所以这次碰到了麻烦。"

上午9点半左右,我们出发上路了。开了十几分钟,经过一个路段时拉赫马特告诉我:"这儿是阿富汗国家安全局一处办公地点,前几年发生了一起严重袭击事件,很多记者跑去报道此事。等记者和救援人员抵达时,自杀式袭击者混入记者中,引爆了身上的炸弹,炸死了十几名记者,除了本地媒体的记者外,还有一位法新社的阿富汗籍员工。"

司机阿卜杜勒接过话头:"这个路段经常发生袭击,因为这儿是阿富汗国家情报部门的总部所在地。"

我问他们:"现在还会经常发生这种二次爆炸吗?"

拉赫马特说:"那次事件发生后,二次爆炸就少了,无论是政府还是记者都接受了教训。"

我说:"是什么人发起的袭击呢?"

拉赫马特斩钉截铁地说:"'伊斯兰国'组织。"

他口中的"伊斯兰国"组织是指"伊斯兰国呼罗珊分支",又称"伊斯兰国呼罗珊省"。"呼罗珊"是历史地理名称,范围大致包括目前阿富汗、伊朗和中亚部分地区。

"伊斯兰国"组织发端于中东的叙利亚和伊拉克,后来遭美国和叙利亚沉重打击,2014年,"伊斯兰国"组织部分成员进入阿富汗,又在阿富汗本地招募了一批成员,他们自称"伊斯兰国呼罗珊分支"，并表示效忠"伊斯兰国"组织。2015年1月，"伊斯兰国"正式宣布成立"呼罗珊省"，接受"伊斯兰国呼罗珊分支"的效忠。"伊斯兰国呼罗珊分支"活动区域主要在阿富汗，同时也在巴基斯坦等阿富汗周边国家活动。"伊斯兰国"是阿富汗境内存在的主要恐怖组织之一。

"伊斯兰国呼罗珊分支"敌视阿富汗塔利班，并与之在阿富汗争夺势力范围，还发生过一些武装冲突。而且，"伊斯兰国呼罗珊分支"思想极端，认为塔利班信仰不虔诚。

2020年2月，塔利班与美国特朗普政府签署和平协议。根据协议，塔利班开始打击作为恐怖组织的"伊斯兰国呼罗珊分支"。"伊斯兰国呼罗珊分支"则认为塔利班与"异教徒"合作，是伊斯兰教的叛徒，双方矛盾激化。当然，阿富汗政府军也一直在打击"伊斯兰国呼罗珊分支"，而"伊斯兰国呼罗珊分支"虽然实力不敌政府军，也比不上塔利班，但是该组织躲在暗处，时常在阿富汗多地制造恐怖袭击，公交车、学校、政府机构都是袭击目标。它还多次制造针对平民的死伤惨重的袭击。

到了税务部门，车辆禁止驶入，司机把车停在大门口等我们。门口照例是持枪的警察，我已经开始习惯各处广泛存在的持枪安保人员了。一堵高大厚重的防爆墙遮挡住了院子里面的建筑——安保严密也是因为这里之前遭受过袭击。经过安检仪和安全人员搜身之后，我们进入了院子，院子里有一排集装箱改装的房子，官员就在里面办公。我们首先要在这些集装箱办公室中办理业务。

虽然窗口很多，但只开了一个，来办事儿的人也没有正规的队形，挤成一团。我前面一个戴口罩的阿富汗人会讲英语，主动跟我搭讪："虽然疫情严重，但是我们这儿从来都不保持社交距离。"

我夸奖他疫情防范意识强,还戴着口罩保护自己,在绝大部分人不戴口罩的阿富汗实属难得。他笑了:"我戴口罩是因为空气污染太严重,并不是为了防新冠。"不过,他戴的并非N95口罩,而是一次性医用口罩。

窗口里面的税务官员都没有穿制服,衣着五花八门:有穿西装的,也有穿传统服饰的,还有戴着传统帽子、留大胡子的。我怀疑自己走错了地方,还以为跟国内一样窗口部门起码得衣着统一呢。

排了一会儿,轮到我了。集装箱里面的税务官员首先让我提供分社的运营许可,有备而来的我马上递给了他。谁知他马上又说:"有许可也不行,你是外国人,必须先去外交部开一封证明信再来。"

我出发前,就按照他们的要求备齐了所有材料,因此对他的刁难没有忍气吞声:"你们规定的材料中并没有外交部证明信这一项,我带的材料齐全,你必须要为我办理。"

这位戴着小圆帽、身穿长衫的大胡子工作人员示意我稍等,他走出了集装箱。他会说简单的英语,他坐到集装箱门口的一把椅子上,开口问我:"你的名字怎么念?"我告诉他之后,他模仿了一遍,说:"史先涛(用非常奇怪的发音叫了我的名字),我可以帮你搞定你的问题,给你办理,但是你

◎ 喀布尔税务部门的集装箱办公室

也要帮我一个忙才行。"我以为他要向我索贿,我问他:"帮什么忙?"他说:"我儿子大学毕业后没有工作,你把他招到你的公司工作。"他这种直截了当的要求令我意外,我愣了一下,恰好空中两架直升机轰隆隆掠过。我抬头看了看飞机,又看了看院子里排队办理业务的阿富汗人,对于身处这样的国家忽然感到有些头疼。我来阿富汗之前,以为自己最大的挑战是在安全的前提下做好报道,没想到还得面对这种意料之外的问题。眼前这位大胡子税务官员在我看来面目可憎,我转过头对他说:"我们单位员工足够,我不需要招人。"他略微有点吃惊地说:"你到底想不想解决问题?"我说:"我的材料都是齐全的,没有问题。"他起身悻悻地回到集装箱,丢下一句话:"那你就等着吧。"

我跟拉赫马特说:"我不可能雇用他的儿子。"他说:"放心吧,我们不需要雇他的儿子,我还是找朋友再想想办法。我们的材料是齐全的,他没理由不给我们办理。不过,这些官员会找各种借口刁难你,如果不满足他们,他们会变着法儿拖延时间,第一个借口之后很快会有第二个借口。"

后来,拉赫马特还是找到了一个朋友把事儿办好了。

返回分社时已经下午1点了,又有新的写稿任务。阿富汗同事知道今天是中国的春节,每个人都祝我新年快乐。

此时,我接任的中国同事尚未离任,还在和我交接工作。我俩觉得过年还是要有点儿仪式感——吃一顿饺子吧。说干就干!于是,我们自己和面、做馅、擀皮,两个笨手笨脚的男人聊着天把饺子包好了,虽说是歪瓜裂枣,但吃起来还是很香。

无论在哪里,年味儿始终在心里。

第 九 章
小女孩的哭声

2月18日中午,喀布尔大学一名教师的汽车被人安装了磁性炸弹,在学校门口爆炸。这种有目标的暗杀在喀布尔非常猖獗,几乎每天都有,遇难者大都是政府官员、军人、警察等,大学教师还是近来的第一个。

当天晚上,突然感觉一阵猛烈震动!刚来喀布尔工作不足一个月,我对于爆炸等袭击事件非常警惕,也有些紧张,因为除了要第一时间发稿以外,如果爆炸发生在分社附近,首要的是确保分社人员和财产安全。

我的第一反应是有爆炸。但房屋在震动,这么大的爆炸威力,为何没有听到声音?

同事告诉我,不是爆炸,是地震了。既然房子没有继续震动,赶紧发稿!工作是第一位的。后来,阿富汗官方公布的数据,震级为4.0,还好,虚惊一场。

阿富汗地震多发,兴都库什地区更是地震频发、受灾严重的地区,由于地震多发生在山区,当地居民的房子抗震性能差,经常造成大量民众死伤。在阿富汗工作的这一年多中,大大小小的地震我经历了不下十几次,我对于地震的反应也从最初的大惊小

第九章 小女孩的哭声

◎ 阿富汗巴德吉斯省卡迪斯地区地震后倒塌的房屋

怪变为淡然。我第二次经历地震是在一天下午。坐在办公室写稿的我，感觉房子晃动了一下。为了确认不是错觉，我赶紧找同事核实，看保安苏菲正在院子里非常淡定地喂狗，我问他："刚才是地震吗？"

他说："是啊。"

"你不担心吗？"

"没什么好担心的，一年会震好多次，震级都非常小，我们都习惯了。你放心，不用去外面躲避。"

我赶紧回屋查询官方发布的震级。如果震级很小，就不需要发稿了，如果震级相对较大，就要赶紧发快讯。

后来，我理解了苏菲的淡定，我经历得多了，自然就不把这些地震当回事儿了。有时，半夜睡得迷迷糊糊，被地震震醒，我先大概判断一下，这个震级是不是需要发稿，如果没有继续震，我就翻个身继续睡。

比起地震，更大的威胁还是袭击。

虽然每天爆炸和袭击的新闻让人麻木，但是，喀布尔大学门口的爆炸发生后的3天，另一场揪心的爆炸令阿富汗民众愤怒。

喀布尔路边，两个三四岁的小女孩撕心裂肺地边哭边喊："妈妈，快起来！"其中一个女孩满脸是血，而她们的妈妈则躺在地上不省人事。

这两个可怜的孩子深深触动了阿富汗民众。

在我来喀布尔工作一个月之际，这则视频在阿富汗社交媒体中热传，视频中小女孩悲惨的哭喊声直击人心，她们弱小无助的样子令人心碎。

这起事件发生在2月21日的下午。在喀布尔第四警区，一辆警车遭遇路边炸弹袭击。袭击发生时，一位母亲刚巧带着两个孩子路过，她被炸得当场昏迷，两个女儿在妈妈身边不知所措地大哭。

后来母女三人被送往医院。不幸中的万幸，母亲没有死，但身受重伤，两个女儿受了轻伤。此外，还有3名警察和1名儿童在此次袭击中遇难。

我来喀布尔工作的第一个月中，每天都会发生爆炸或枪击事件，少则一起，多则三五起，虽然一个月的时间并不算长，但是我对袭击新闻也快麻木了。据当地媒体黎明新闻网站统计，从1月20日到2月19日，有50多名喀布尔人死于各类暴力袭击。

第九章 小女孩的哭声

"9·11"后，阿富汗塔利班政权在美国军事打击下垮台，但是塔利班和后来成立的政府之间战事一直未停。

每当袭击事件发生，当地媒体都会例行公事般地进行报道，而人们对这种新闻已经麻木，并不会做特别的讨论，社交媒体上一般也很难兴起水花。

甚至很多人在谈起自己的亲人在战乱中经历的不幸时，都很平静，好似在讲述一件再正常不过的事情。

一次外出采访，跟司机法里德聊天，我随口问他："你有亲人在战争或者袭击中受伤吗？"

"我的哥哥是在战争中阵亡的。"

"很遗憾听到这个事情。"

"没关系，这已经是很久远的事情了，90年代他在纳吉布拉政府的军队当飞行员，在跟游击队作战时，不幸遇难。"

"太可惜了，你哥哥当时算是军队精英。"

"是的，他跟我不一样，他读过大学，我们家人一致认为，他有着大好前途。"

他讲述这些的时候，表情平静，仿佛在讲述别人的故事。虽然是司机，也没有上过大学，但是他的英语还挺好的。

我问他："你的英语讲得很好，为什么没有读大学？你当年应该有能力考上大学。"

"我学习成绩很好，但生不逢时，上中学正好是阿富汗内战最激烈的那几年。各派军阀在喀布尔混战，炮弹每天在头顶飞舞，学校都关了，能逃离喀布尔的都走了，我家也不例外。我爸妈带着我逃到了塔吉克斯坦，一直颠沛流离，学业就中断了，这也是我人生中一大遗憾。"

我一时不知道该跟他说什么，此时任何安慰都是苍白无力的。生活在这种国家，个人无力改变大环境，即使自己再努力也很难从根本上扭转命运。

所以我理解阿富汗人面对袭击事件的无奈和麻木。然而，这次两个无辜、弱小孩子的悲惨遭遇，再次激起了人们的怜悯之心和愤怒之情，但这种愤怒却夹杂着深深的无力感。

阿富汗战乱持续超过40年，好几代人在战乱中出生、成长甚至死亡，从来就不知道生活在和平之中是何种感受。耳闻目睹战乱国家中的诸多人间悲剧，我对"和平犹如空气和阳光，受益而不觉，失之则难存"的体会更加真切。

虽然战乱不止，阿富汗人的生活还要继续，而这只是我在喀布尔工作和生活的开始。到喀布尔之后，我必须要办理工作许可，准备好材料后，我让同事奥米德帮我去政府部门递交材料。他回办公室后跟我说："今年政策变了，要求你提交一份体检证明。"我说："没问题，我去哪儿做呢？"他说："他们指定了一家医院，只能在那儿体检。"

"那你帮我预约一下，明天就过去体检吧。"奥米德很快就帮我预约好了："已经预约好了，最重要的是要准备150美元体检费。"

我很惊讶："体检费要这么贵？普通阿富汗人谁能承担这么贵的费用？"

"普通阿富汗人不需要体检。"

"体检只针对外国人？"

"应该是。而且你不觉得有问题吗？只能在政府部门指定的这家医院体检,其他任何医院的体检结果都不承认。"

"你觉得政府部门和这家医院有勾结?"

"并不是冤枉他们,我预约时,医院跟我说,体检人如果身体健康,不想做检查,也能开体检证明,交150美元就行。"

我瞬间就明白了,这个所谓体检或许是政府部门的某些官员和医院联合开发出的"创收项目",他们看重的是150美元的体检费,至于体检人的身体健康状况,完全不在考虑范围之内。

奥米德说:"腐败是这个政府的一大弊病,无孔不入。"

我跟他聊起一个新闻来:"这几天,很多长途车司机发起抗议,要求政府惩处腐败的交通警察,说这些警察向他们收过路费,不给钱就以各种理由不让车通行,司机们不堪重负。"

奥米德很不乐观地说:"这是个老问题了,恐怕很难解决。"

我对阿富汗政府的另一项操作也很无语。我来喀布尔工作之前,去阿富汗驻华使馆申请工作签证,需要准备的材料中有一项"无犯罪记录证明"。我之前出国从来没有开过这项,也不太理解阿富汗政府方面的考虑。

等我到了喀布尔之后就更加困惑:喀布尔安全形势恶劣,治安状况非常差劲,且不说各类袭击事件频发,持枪抢劫、盗窃等刑事案件也很常见。难道阿富汗政府是为了保证阿富汗更加安全,所以要求来阿富汗的外国人都是遵纪守法的好人?讽刺的是,美国人扶植的阿富汗政府其实控制能力非常弱,在这个政府施政的20年间,有一些来自中东和巴基斯坦的极端分子加盟"伊斯兰国"组织和"基地"组织等各个恐怖组织,而这些人全部都是非法入境,也完全不可能持有无犯罪记录证明。

第十章
喀布尔的情人节

在喀布尔有一条著名的花街,一年四季都出售鲜花,虽然价格令大部分贫困的阿富汗民众望而却步,但还是有一些生活富足的顾客喜欢购买鲜花。花街并不长,和它连起来的另外一条街,被称为"鸡街"。与花街不同,鸡街并不卖鸡,鸡街两侧的店铺出售的是特色工艺品,主要是地毯、珠宝和古玩等。

前几年阿富汗的安全形势相对较好,外国人数量比较多,花街和鸡街上的店铺生意都很好,尤其是鸡街上出售的编织了坦克、飞机和导弹等图案的"战争地毯"和青金石做的首饰,都很畅销,很多外国人离开阿富汗时都会将其作为纪念品购买。

2021年2月14日情人节这天,花街比平时更添加了几分喜庆。店主将玫瑰等代表爱情的鲜花摆放在门口,有的还挂上了红色气球将自己的店面装饰一新,有的气球上还写有"I love you",或者带有英文"love"字样的标牌,撒了一地玫瑰花瓣。

虽然此时是喀布尔的寒冬,但依然有不少年轻男女来这条街上买花。除了花街以外,还会有一些小商贩在喀布尔街头卖印有"I love you"字样的气球和红色心形气球,也会有人在街头卖花。

阿富汗整体社会氛围比较保守,在大街上基本看不到出双人

第十章 喀布尔的情人节

◎ 喀布尔专售鲜花的商业街

对的情侣，阿富汗人的婚俗还是遵循"媒妁之言"，由家长来决定婚姻大事，自由恋爱非常少见。

结婚前男女双方很少有机会独处，街上成对出现的一般都是夫妻，而且他们在公开场合也不会有牵手或其他亲昵的举动。尽管如此，并不代表年轻人就排斥西方来的"情人节"。虽然情人节在很多阿富汗人尤其是在保守的农村地区看来，类似于一种伤风败俗的节日，不过，在阿富汗的大城市中，尤其是首都喀布尔，近20年来，过情人节成了年轻人一种时髦的新风尚。

在喀布尔和其他一些大城市，已经有了婚约的年轻人和恋人有时会私下互赠鲜花来过"情人节"。卖花的商人希望能够在阿富汗推广这个节日。

一家花店的年轻女店主跟我说："情人节代表了爱情，世界上很多国家都庆祝这个节日，尤其是订婚的双方会互相送花增进感情。这是一种很好的文化,鲜花不仅能提升爱意,其实还可以增进友情,消弭敌意,这正是阿富汗人民需要的。我希望能够在阿富汗传播向爱人和友人赠送鲜花的文化。"

喀布尔的一些商家为了推广情人节文化,还举办模特时装秀,尤其引人注目的是女模特。这些女模特大多身着颜色鲜艳的服装走台,非常显眼的是她们都没有戴头巾,有的还染了金黄色的头发,这在阿富汗非常罕见。

在阿富汗,女孩儿进入青春期以后,就必须佩戴头巾。我在喀布尔街头看到的每一名成年女性都是佩戴头巾的,绝大部分都身穿罩袍,即使极少数不穿罩袍的女性,也身着长度盖过大腿的外套。罩袍颜色以黑色居多,少数女性会身着红色或其他彩色的罩袍,一般只有女童才穿颜色鲜艳的衣服出门。

这个国家有很多针对女性的暴力事件。2021年,有三个女性医务工作者挨家挨户给5岁以下的儿童接种小儿麻痹症疫苗,在接种疫苗过程中,被枪手打死。这种事情以前也多次发生。

阿富汗和巴基斯坦是世界上仅有的两个存在小儿麻痹症的国家。在阿富汗,给小朋友接种疫苗基本都是女性在做,因为家里都是女人和孩子,在阿富汗的习俗中,没男主人在家,陌生男性是不能进家的。

阿富汗媒体认为,这是"伊斯兰国"组织或其他极端组织干的。我跟分社的阿富汗同事哈利姆讨论过这个问题:这些极端主义组织为何袭击这些女性医务工作者?

他说主要有两个原因:"一个是这些极端组织反对女性出门工作,他们认为女性就应该待在家里,不仅不能外出工作,而且也不应该随便出门,即使有事儿必须出门,也得有父亲或丈夫等男性亲属陪同，绝对不能独自出门。更有甚者，这些极端组织也反对女孩儿接受教育，认为女孩儿最多只能上到小学。第二个原因是，这些极端组织都没有接受过现代教育，完全不懂科学，而且盲目排外，他们认为接种疫苗是西方国家的一场阴谋，是西方国家用来毒害穆斯林儿童的。按照他们的观点，儿童接种了这些疫苗会失去生育能力。"

无论如何，花街的存在像是喀布尔社会的一个风向标，可以看出阿富汗虽然整体保守，但依然接受外来文化，容忍不同的生活方式。

一年后的2月14日，是塔利班执政后的首个情人节，花街的部分商家依然将鲜花摆在店铺外面，简单营造了些许情人节的商业氛围。很快一些塔利班武装人员便出现了，要求商家不要将鲜花摆放出来并撤掉情人节装饰，甚至要求花店关门。不过，所幸当天晚些时候，或许有更高级的领导发话，要求这些武装人员不要打扰商家经营，商家可以正常卖花。但是很显然，节日的气氛已经发生了变化。

美国和北约军队在阿富汗驻军20年，各国驻阿使领馆和国际组织中的很多外国人在前些年安全形势比较好的时候，在喀布尔市活动比较频繁，也在一定程度上影响了喀布尔的社会风气。在喀布尔街头，有咖啡馆、健身房、西餐厅，所以喀布尔对于西方外来事物接受程度比较高，也受到西方生活方式的影响。

不过喀布尔不能代表整个阿富汗。在阿富汗大部分农村地区，尤其是偏远的农村地区，喀布尔民众的这种生活方式是他们闻所未闻，也无法接受的。仅从一个小的视角就可以看出这种差别：在阿富汗第二大城市坎大哈的街头，女性都很少见，与喀布尔简直是两个世界。坎大哈是塔利班的发源地,社会氛围保守,坎大哈作为大城市都是如此,更可以想象广大农村地区对于喀布尔人过的情人节持何种态度了。

第十一章
窗外传来密集的枪声

夜间10点多，窗外突然传来非常密集的噼里啪啦的响声，这么晚了，难道是谁在放鞭炮？

之前在夜里听到过爆炸声，但这是第一次夜间听到这种"鞭炮声"，而且感觉这种声音响彻喀布尔全城上空，有的还离自己非常近，听起来特别真切。

来喀布尔工作两个多月，经历了不少在一般国家匪夷所思的事件。我早已习惯每天隔十几分钟就有直升机在头顶盘旋轰鸣，对街上持枪的军警或其他武装人员也见怪不怪了，但是，这么密集的枪声还是第一次听到。

正疑惑间，保安跑来跟我说，不用担心，阿富汗刚在一场国际板球赛事中获胜，这是高兴的人们朝天鸣枪庆祝，并不危险。即便如此，保安还是建议我最好去地下室躲一躲，以防有流弹打破窗户玻璃射入室内。

他的话并非危言耸听。十几年前，分社有位同事站在院子里，脚踝就被流弹击中。中央电视台驻喀布尔记者站办公室内一面墙上，还留有数年前流弹的弹孔。

安全起见，我赶紧下楼到了地下室躲避，依然可以听到密集的枪声。大概半个多小时后,枪声逐渐停止。

我上楼看了一下猫咪,它还在睡觉,非常淡定,不为枪声所扰。狗狗也是,并没有因为有枪声就狂叫。要知道它们平时可是有点动静就大叫的。或许,习惯成了自然,生在阿富汗的猫猫狗狗也适应了喀布尔袭击不断、枪声大作的生活。

第二天,奥米德来上班,我问他昨天听到枪声了吗,他说:"当然听到了,全喀布尔都听得到。"我问他经常会有人朝天鸣枪吗,他说:"这在阿富汗就是一件很正常的事儿,是一种庆祝方式,表达喜悦心情。""这很危险,子弹落下来会伤到人,政府不禁止这样吗?"他说:"政府是禁止朝天鸣枪的,但是并没有人管。再说了,大家都这么干,恐怕政府想管也管不过来。不光是这件事儿没人管,很多制度和法律制定出来后,都只能束之高阁,根本无法执行。"

我说:"比如?"

他笑了:"你知道吗?在阿富汗,政府是有枪支管理制度的。"

我说:"在喀布尔有枪的人太多了,难道不是想买就能买吗?"

"当然不是了,政府是有控枪政策的。根据阿富汗法律,如果要想合法拥有枪支,购买前必须向政府提交申请并且办理持枪证,获得批准后才可以去买枪。"

◎ 柴油商店工人在为分社发电机加柴油

第十一章 窗外传来密集的枪声

"满大街持枪的人都有持枪证？"

"不少人应该没有持枪证，很多人都是非法持有枪支。"

"政府也不管？"

"也不是完全不管，但肯定也没认真对待，这才导致阿富汗枪支泛滥。持枪非常普遍，毕竟在这么混乱的环境中，有枪才会让人觉得安全。"

"很难说枪支泛滥是更安全了还是更不安全了，喀布尔每天都会发生枪击案，一个很重要的原因就是枪支泛滥。"

喀布尔这座城市到底有多少人非法持有枪支，阿富汗政府是不知道的。不光是枪支，武装分子每天都能把炸弹运进喀布尔搞袭击，喀布尔的安保网络可谓千疮百孔。

朝天鸣枪的习惯也给阿富汗民众带来过灭顶之灾。在美国出兵阿富汗的次年，即2002年7月，阿富汗中部乌鲁兹甘省一个村庄举行婚礼，参加婚礼的人对天鸣枪以示庆贺，这一举动引来美军战机轰炸，导致40多人丧生、上百人受伤。事后，美军拒绝道歉，称其攻击"正当合法"，而"对美方发动攻击的地面武装人员"才应对此负责。

据美国《民族》周刊2013年报道，仅2001年至2012年，美国在阿富汗就空袭过6场婚礼，起因都是美军误以为婚礼上的朝天鸣枪庆祝是武装人员发起的攻击，这6场对婚礼的袭击共造成200多人死亡。

第十二章
美国人要走了

美国总统拜登2021年4月14日宣布，驻阿富汗美军将于2021年9月11日前撤出，以结束美国历史上最长的战争。按计划，美军和北约盟国军队将于5月1日开始撤离。美国官方数据显示，截至4月，在阿富汗的美军部队约有2500人。阿境内还有未公开证实的约1000名美特种部队士兵，此外还有约7000名其他北约国家的军人。

针对美方表态，阿富汗总统加尼表示，阿政府尊重美国政府的决定，阿国防与安全部队完全有能力捍卫自己的国家和人民。

阿富汗的舆论普遍对未来和平形势表示担忧，阿媒指出，美国没有履行对阿富汗的真正责任，没有真正帮助阿富汗建立强有力的政府以解决恐怖主义和毒品走私等问题。在此情况下，美国甩包袱走人的行为牺牲的是阿富汗人民的利益。

不过，阿富汗虽然不是一个大国，但是国情非常复杂，民族成分多样，城乡差距非常大，所以，阿富汗各阶层、不同地域的民众对美国撤军的态度肯定不会整齐划一，阿富汗的主流舆论肯定也是有局限性的，不能代表所有阿富汗民众的观点。

第十二章 美国人要走了

简单来说，阿富汗的精英阶层，包括政府高层和商界精英相对依赖美国，肯定不希望美国撤军。阿富汗政府是美国在2001年推翻塔利班后扶持起来的，其运转全靠美国背后的支持，无论是财政来源还是安全保障都是以美国为首的北约提供的，虽然总统加尼宣称阿富汗政府军有能力保卫国家，但他是否相信自己的话，恐怕都要打个问号。他的话能不能应验，在几个月之后就会见分晓。

其实不只精英阶层，一般城市居民恐怕也不希望美军突然撤离。美国以及北约驻军阿富汗以来，在阿富汗形成了一种"占领经济"，美国向阿富汗提供大量援助资金，按照阿富汗民众的说法，虽然这些资金很多流向了贪腐的政府官员和美国承包商手中，但还是有一部分留在了阿富汗，围绕美国和北约占领军以及外国人形成了一些产业，城市居民也是受益者，尤其在喀布尔，服务业和商业的繁荣有赖于此。

我有一次去分社附近的一个小超市买猫粮，顺便跟老板聊天，我问他："你每天的营业额大概有多少？"他说："现在生意不如以前了，以前这儿外国人多的时候，每天最少几百美元，有时候会上千美元。"这个数额让我惊讶，因为他的超市并不大，以卖生活日用品和食物为主。我以为他说的是每月的营业额，又跟他确认了一下："每天好几百美元？"他很肯定地说："是啊。"我疑惑地问他："当时生意真不错，主要是卖给谁？"他说："附近好几家使馆和外国机构都在我这儿订货，他们是我最重要的客户。"这个解释听起来很合理，虽然我并不明白，为什么这些使馆会在一个小超市订货。他接着说："现在外国人少了，生意差了一些。"这应该是跟2021年以来安全形势恶化，外国人陆续离开阿富汗有关。虽然我没有问他对于美军撤离怎么看，但我觉得他应该不会乐意看到美军撤离阿富汗。

喀布尔的情况不能代表整个阿富汗。阿富汗的城市化率不到30%，大多数民众生活在广袤的农村地区。美国在阿富汗驻军20年间，援助资金基本没有能够流通到农村地区，当然这其中的原因也是多样的：阿富汗政府仅掌控着城市，执政的触角没有到达农村；美国援助资金也不重视农村发展，也没有抓手能够深入农村进行建设。大量农村地区，尤其是塔利班聚集的地区，反倒成为美军的重点打击对象，而美国发起的军事行动中，由于情报失误等各方面原因，平民经常被误杀，这激起了农村地区的受害民众对美国的愤怒。

而且，美国为了打击塔利班，选择和一些鱼肉乡里的军阀结盟，更是激怒了大量阿富汗民众，把他们推向塔利班的阵营，导致美国在阿富汗失去民心。例如，我采访过的阿富汗楠格哈尔省欣瓦尔地区的村民穆罕默德·巴西尔·阿比德，他说自己永远无法忘记2017年亲人被美军屠杀的那个夜晚："2017年1月13日午夜，我正在睡觉，一阵猛烈的爆炸把我从床上震下来，我家院子大门被炸开，美国大兵闯进来，用枪在房间里扫射，打死我家6口人，打伤3人。"他说死在枪下的都是孩子，是中学生和小学生。他还说，幸存的家人尤其是孩子们一直无法从精神创伤中恢复："孩子们直到现在听到枪声和爆炸声，还会害怕甚至哭泣。美国人杀戮的那一幕在他们脑海中挥之不去。"

家人惨遭杀害后，他也投诉无门，美国士兵没有向他道歉，也没有听说有美国士兵为此承担责任。

而阿比德一家的遭遇只是美军的军事行动造成大量平民伤亡

的缩影，美方却称为"附带伤害"或"误炸误伤"，不愿承担责任。

所以，在这部分民众看来，美军就是赤裸裸的侵略者和战争罪犯，他们和美军有着不共戴天之仇，美国人在阿富汗驻军20年，他们不仅一无所获，反倒失去了生命、安全和财产，因此美国撤军，他们一定是非常乐意的。

美国总统拜登宣布撤军决定时表示，美国在阿富汗战争中已完成反恐目标，"是时候结束美国这场最漫长的战争了"。美军结束战争可以回家了，但美国真的完成反恐目标了吗？而且，对阿富汗人民来说，战争恐怕远未结束，等待他们的又是什么？

在我采访的多名喀布尔市民中，不管对美国撤军是否支持，他们最大的担心都是美国贸然撤军，会导致阿富汗安全形势的恶化。市民扎比乌拉·尼吉拉比说："在目前的情况下，撤离是一种完全不负责任的行为，阿富汗现在处境艰难，安全形势糟糕到了极点，城市中的安全形势最近也在恶化。在我看来，美军应该继续留下来直到完全完成任务。"另一位喀布尔市民哈米德说："美国和北约军队从阿富汗撤离太仓促了，现在阿富汗全国都面临着很惨烈的战争，他们在令人绝望的战争形势中抛弃了阿富汗人民。"

阿富汗民众，尤其是喀布尔的民众之所以持这种态度，是因为阿政府和塔利班没有实现和解，他们担心外国军队撤离后，阿富汗会爆发更加残酷的内战。很多恐怖组织依然活跃在阿富汗，民众也担心日后的恐怖活动将更加猖獗。市民穆明·奈布就说："非常不幸的是，美国并没有履行对阿富汗的承诺。多个恐怖组织也在发展壮大，他们控制了阿富汗相当大的地盘，美国却在此时抛弃了阿富汗。在美军撤离以后，除了恐怖组织会坐大外，内

◎ 常年战乱造成了大量伤亡，喀布尔山坡上、山脚下遍布坟墓

战也很可能会爆发。现有的政治体系可能会瓦解。"

这些阿富汗民众的担心并非主观臆断。

首先看反恐问题。据阿富汗媒体报道，"基地"组织在阿富汗18个省份开展恐怖活动。阿富汗国家安全局局长艾哈迈德·齐亚·萨拉杰2021年4月27日表示，阿富汗监狱中关押着来自13个国家的408名"伊斯兰国"组织武装分子，另外还关押着309名来自"基地"组织和其他恐怖组织的外国武装分子，这些数字也从侧面证明了恐怖组织在阿富汗还远未到被根除的地步。

除了恐怖组织之外，阿富汗人民更加担心的是，阿富汗将陷入内战。联合国阿富汗援助团2021年4月份发布的报告显示，2021年第一季度有573名平民被杀，1210人受伤，与2020年同期相比，同比增长29%。妇女伤亡人数同比增长37%，儿童伤亡人数同比增长23%。可见，阿富汗的安全形势呈直线下滑趋势。

美国虽然极力推进阿富汗政府和塔利班和谈，但是双方的谈判已经陷入僵局，在战场上的交手不曾中断。阿富汗政治分析人士尼尚克·莫特瓦尼表示，美军完全撤离后，阿富汗不可能实现和平，内战将会加剧，甚至不排除塔利班在阿富汗重新掌权，而恐怖组织仍在兴风作浪。

现在看来，这些分析推断不失准确，有的已经成为现实，比如塔利班在阿富汗重新掌权。而且塔利班上台后，"伊斯兰国"组织等继续在阿富汗各地发动恐怖袭击。

美国入侵阿富汗20年来，的确给阿富汗很大一部分民众带来了沉重灾难。美国"战争成本核算"项目发布的报告显示，美国入侵阿富汗20年来，战争和冲突导致阿富汗约24万人死亡，其中包括至少7万多平民。

中国人权研究会指出，美军入侵阿富汗以来，有3万多平民被美军打死、炸死或因美军带来的战乱死亡。这些数字表明，阿富汗民众首当其冲成了战争的受害者，为美军入侵付出了巨大代价。

在既没有根除恐怖组织又没有实现和平的情况下，美国人一走了之，留下的是一个冲突不断、满目疮痍、苦难深重的国度：72%的民众生活在贫困线以下，失业率高达38%，约1100万人沦为难民，350万儿童失学。

我到喀布尔工作三个月来，除了政府军和塔利班在战场上的战斗以外，每天都会发生爆炸和枪击事件。虽然这类悲剧数不胜数，但总有一些更加令人感慨，比如：走街串巷挨家挨户给儿童接种脊髓灰质炎疫苗的两名女性医务工作者在工作中被枪杀；3名电视台女员工下班途中被枪杀；政府雇员下班乘坐的班车遭炸弹袭击，4名女性被炸死，其中一名怀有身孕，而且和她一块儿乘车的3岁儿子也同时遇难；一名警察开车送即将临盆的妻子去医院途中遭枪击，产妇不幸遇难，万幸的是生下的孩子活了下来，迎接新生儿来到世间的竟然是夺取母亲生命的子弹……

人间惨剧每天都在阿富汗上演。比这更加可怕的是，远远看不到这些惨剧有任何终结的迹象，这可能更加令人感到绝望。

第十三章
这些花季少女放学后再没回家

2021年5月8日下午4时30分,正值喀布尔第13警区的一所女子中学放学。女孩们刚走出校门,一枚汽车炸弹就被引爆,紧接着又有两枚。

上百名正高高兴兴放学回家的女孩儿倒在了血泊中,现场惨烈的景象犹如人间炼狱,受害学生沾满血迹的书包、图书等个人物品散落一地。这次袭击死亡近百人,另有逾百人受伤。死伤者大部分是女学生,少数是学生家长和路人。

目击者穆罕默德·贾法尔说:"我听到巨大的爆炸声,当时学生们正放学离开学校,天空中升起浓烟,很多人倒在血泊中。"

这所女子学校位于喀布尔西部哈扎拉族聚居区达什特巴尔奇地区,是公立学校,没有任何安保措施。学校的学生都是住在附近的哈扎拉女孩儿,她们大都家境贫寒,住在附近的山上或山脚下。

有的女孩白天上学,晚上在家编织地毯,最多一天能挣70阿富汗尼,相当于5元人民币左右,用来给自己买文具。尽管生活如此艰辛,她们还是很愿意上学,希望通过接受教育改变命运。而且经历了爆炸,经历了与同学的生离死别,以后上学甚至要冒着生命危险,但是这些女孩儿依然很坚定地要接受教育。14岁的比比·法蒂玛经历了这次爆炸,她在接受我们采访时说:"我们当时刚放学,大家刚走出校门,就爆炸了,有些同学被炸飞了。我被炸得不省人事,醒来后就发现自己在医院里。我最大的心愿就是战争结束、和平降临阿富汗,这样我们就能不用提心吊胆地去上学了,也不用担心再有恐怖袭击了。"我问她:"以后上学可能还会面临袭击,你以后还去学校吗?"她很坚定地回答说:"我当然要去上学,我需要学知识,我热爱我的老师和同学,即便面临危险,即便我也害怕,但是我还是要去学校。"

哈扎拉族,也就是畅销书《追风筝的人》里面的仆人哈桑那个民族。他们非常重视教育,即使是女童,即便是贫困家庭,也都支持她们上学。

哈扎拉族是阿富汗少数族裔,占阿富汗人口约9%,伊斯兰教什叶派,而阿富汗其他民族主要为逊尼派穆斯林。哈扎拉族长相具有东亚特征,与中国人长得很像,一般认为,哈扎拉人具有蒙古人的血统,是成吉思汗及其后人西征后在阿富汗留下的驻军的后裔。我就此向几名哈扎拉朋友求证过,他们否认这种说法,认为自己的祖先早就生活在阿富汗以及周边中亚的土地上。

哈扎拉族命运多舛,多次惨遭打压甚至屠杀。哈扎拉妇

◎ 喀布尔街头,放学后结伴回家的女孩儿

女儿童屡次成为"伊斯兰国"等极端组织的袭击目标。2020年5月12日,喀布尔哈扎拉族聚居区的一家妇产医院遭袭击,20多人死亡,主要是妇女和儿童。

此次学校袭击事件发生后,塔利班发言人扎比乌拉·穆贾希德在推特上发文对爆炸表示谴责,澄清不是塔利班所为。虽然没有任何组织或个人声称对此次袭击负责,但当地分析人士大多认为,袭击可能是"伊斯兰国"组织所为。

在一般国家,女孩儿和男孩儿一样接受教育是再正常不过的事情,但是在阿富汗,对很多女孩儿来说,接受教育是一件很奢侈的事情。

截至美国开始撤军的5月,阿富汗约一半国土都被塔利班控制,基本都是农村地区,在这些区域内,女孩儿只能上到小学六年级。例如卢格尔省的塔利班控制区,塔利班关闭了女生就读的初中和高中,大量女孩儿只能读到小学。巴尔赫省杰尔博卢克地区的12岁女孩儿利玛上完6年级,就面临无学校可去的局面,她说:"我想继续上学,但是我们村子里有塔利班。"此外,在很多政府军和塔利班激烈交火的地区,出于安全原因,女孩儿也无法外出上学。

城市里面情况会好一些,

◎ 2021年5月8日爆炸现场遇难学生的物品

家长也相对开明，愿意送女儿上学。在阿富汗的中小学，男生和女生是分开上课的。有的学校只招收女生，还有的学校同时招收男生和女生。如果校舍充足，男女生可以在不同教室上课；有些学校条件有限，男女生就错时上课，比如，男生上午上课，女生下午上课。甚至还有的学校因校舍不足，出现男生在教室上课，女生在操场上课的情况。

就算其中有些女孩儿足够幸运，顺利结束学业找到工作，职业女性在阿富汗也面临比男性更大的风险，因为在很多极端组织看来，女性是不可以离开家抛头露面外出工作的。

我在喀布尔工作三个多月来，几乎每天都会发生爆炸和枪击，每天都有人死于非命。目标一般都是政府官员、军警、记者和社会知名人士，而且规模也较小，专门针对平民的袭击相对较少。

美国和北约军队撤离阿富汗前后，形势在发生变化。很多武装分子开始对平民搞袭击。例如，美军撤离前一晚的4月30日，阿富汗东部卢格尔省首府普勒阿拉姆发生汽车炸弹袭击事件，一家宾馆在袭击中坍塌，至少25人死亡，另有60多人受伤，其中受害者大部分为住在宾馆中准备参加大学入学考试的学生。自美国4月14日宣布撤军计划开始的半个月来，据阿富汗政府的统计，塔利班在阿富汗24个省制造了多次袭击，造成至少226名平民和军事人员死亡。

在这些女孩子遭袭击后，一位阿富汗民众在社交媒体上愤慨地表示，奥巴马的宠物犬去世是美国目前最大的新闻，上百名可怜的阿富汗女孩儿死伤却乏人问津。

第十四章
美军开始撤离的第一周

从2021年5月1日起,美国和北约军队开始从阿富汗撤军,安全形势急转直下。雇员哈利姆在分社工作近20年,向来比较淡定,我刚来喀布尔时,他跟我说,不必特别担忧爆炸袭击,只需要减少出行、注意防范就还好,现在的喀布尔可比90年代内战的时候安全,当时火箭弹和流弹满天飞。

但是,自从美军开始撤离,他转变了态度。进入5月,他非常担忧地跟我说:"现在的喀布尔太危险了,咱们外出时,一定要让司机仔细照看并检查车辆,一定要防范磁性炸弹,启动车之前一定要仔细检查汽车底盘,防止恐怖分子趁我们不注意放置炸弹。"

哈利姆很忧虑地说:"照目前的情形看,各类极端组织对平民和外国人的袭击力度还会增加,你作为外国人更是恐怖分子的袭击目标,我劝你最近尽量不要去清真寺和市场这样人员密集的地方。"

政府和塔利班的战斗升级

从美国开始撤军起,塔利班明显在战场上加强了对政府军的攻势,交战区大量民众逃离家园,流离失所。

自5月1日起,塔利班在加兹尼省、瓦尔达克省、巴格兰省和赫尔曼德省等地对政府军发动攻击,占领了一些地区。阿富汗代理国防部长亚辛·齐亚5月8日承认,塔利班过去一周加强了攻势,占领了阿富汗至少6个省的一些战略要地。

美国和塔利班2020年签署和平协议承诺从阿富汗撤军,虽然当时也规定塔利班与阿富汗政府进行内部和谈,但并未真正解决它们之间的矛盾。美国的撤军让双方力量平衡发生变化,冲突加剧。

在美国撤军之前,塔利班一直避免与北约军队和阿富汗政府军进行大规模的阵地战,因为这种战术胜算不大,毕竟武器装备无法与正规军匹敌。塔利班采用最多的战术是伏击战,他们化整为零伏击对手的车队、人手不多的哨所和检查站。经常可以看到塔利班在全国各地袭击军警哨所的新闻,政府公布的战报里有时也会提到挫败了塔利班的类似袭击,甚至击毙了发起袭击的塔利班武装分子。

但是美国人开始撤军后,塔利班胆子一下变大了,开始主动出击,与政府军展开正面战斗;而此时政府军的心态则跟塔利班发生了调换,开始畏战甚至避战。

尽管阿富汗局势不断恶化,但美国并不准备改变撤军计划。美国国防部长奥斯汀5月6日在记者会上表示,美国从阿富汗撤军正按计划进行。全然不顾阿富汗民众会因其仓促撤军而遭受苦难——5月初,政府军与塔利班之间的战斗在赫尔曼德省造成大量居民流离失所。在加兹尼省,政府和塔利班的战斗已大大升级,许多处于交战区的家庭遭到围困。

政府军的作战能力明显不足，瓦尔达克省省长塔里克5月12日说，塔利班武装分子11日攻占瓦尔达克省尼尔赫地区，政府军从该地区战略撤退。该地区距首都喀布尔仅35公里，车程仅半小时，是连接首都与塔利班腹地坎大哈省的重要枢纽。

血腥袭击越来越多

除了战事加紧，各类袭击事件也在阿富汗全境此起彼伏。

在美国和北约军队撤离前，袭击事件大多针对政府目标，主要是官员、军警等。撤军开始后，针对平民和民用设施的袭击开始增多，袭击规模在扩大，死亡人数也在增加。这是因为美国和北约的撤军进程加剧了阿富汗的混乱，极端恐怖势力普遍受到刺激和鼓舞，乘机浑水摸鱼。

仅在喀布尔市，从5月1日起就发生了多起此类袭击。喀布尔北部一个加油站5月1日晚发生油罐车爆炸事故，造成9人死亡，至少14人受伤；该市北部两座高压电塔5月8日凌晨被炸毁，导致喀布尔部分地区停电；一所女子中学8日遭连环爆炸袭击，近百人死亡，另有逾百人受伤。

据统计，4月30日到5月6日阿富汗共有44名平民在袭击中遇难，是2020年10月以来人数最多的一周。

美军开始撤军的第一周充满了血腥，但这仅仅是恶性袭击增多的开始。5月13日开斋节，这本来是阿富汗最为重要的节日之一，但是当天却发生多起袭击事件，造成9名平民死亡。南部坎大哈省发生两起路边炸弹袭击，分别有两辆载有平民的汽车遇袭，共造成7人死亡，3人受伤。北部昆都士省一辆汽车遭磁性

◎ 美军向阿富汗政府军移交一处位于赫尔曼德省的军事基地（2021年5月2日）

炸弹袭击，造成2名平民死亡，超过10人受伤。

首都喀布尔当然无法幸免，5月14日，喀布尔北部郊区一座清真寺遭袭击，造成至少12人死亡，超过15人受伤。民众在该清真寺做礼拜时，提前放置在清真寺的一枚炸弹被引爆。

安全局势恶化速度之快，超出了很多阿富汗人的预期。我与包括分社员工在内的一些朋友讨论了美军撤离的问题，他们的观点因人而异。

阿富汗民众怎么看

同事拉赫马特的观点最令我难以理解，他非常自信地跟我说"美国不可能撤"。

我说："可是美国已经开始撤了。"

"美国肯定还有改弦更张的可能。"

"为什么?"

"美国在阿富汗驻军20年,投入了大量金钱,不会轻易退出。而且美国非常看重阿富汗的战略价值,要将阿富汗作为遏制中国和俄罗斯的基地,美国对阿富汗不会轻易放手。"

"可是美国已经不愿意继续在阿富汗投入了,撤军进程已经不可能逆转了。"

拉赫马特不愿跟我继续辩论下去了:"let's agree to disagree.(让我们求同存异吧。)"

我不知道拉赫马特的自信何来,或许他还代表了不少阿富汗人的观点。他们可能也知道美国人终归要走,但是无法接受这么仓促地撤手不管,内心十分不愿接受这一现实。

阿富汗朋友阿里态度则相对乐观,他跟我说:"总统已经宣布了日期,肯定没有转圜余地了。"

我问他:"你认为美国撤军后,局势会如何发展?塔利班会第二次执政吗?"

"这在很大程度上取决于美国。"

"美国已经撤了,还能做什么?"

"美国20年来为阿富汗政府训练出一支军队,虽然军队存在腐败现象,战斗力不能令人满意,但是跟塔利班比起来,还是有优势的。"

"阿富汗政府军的战绩是同美国和北约军队的支持分不开的,尤其美国和北约军队直接对塔利班进行空袭,在战场上帮了政府军的大忙。"

"美国撤军后,只要继续提供金钱和武器援助,阿富汗政府就有资本与塔利班长期作战,阿富汗政府的统治也会稳固,甚至从长远看，最终能够战胜塔利班。"

"说实话，我无法判断。毕竟美国才刚撤离，现在还看不到什么明显的趋势。"

"相信我，塔利班无论在人力还是武器装备方面都比不了政府军。政府军有35万人，尽管这个数字可能要打些折扣，毕竟有传闻军队中存在吃空饷的现象，即使如此，实力也强于只有约8万成员的塔利班。而且在武器装备方面，接受美国训练和援助的政府军肯定比塔利班有优势。"

在阿里"有说服力"的数据面前，我也觉得他很有道理。

但是，奥米德则提供了另外一种观点："美国肯定会撤军，尽管它其实并不愿意撤离。美国在阿富汗驻军20多年，付出这么多代价，却始终打不败塔利班，恐怖组织也没有根除，美国人看不到胜利希望，虽然这儿是一块战略要地，但美国无奈之下不得不撤。"

我问他："你认为战局将如何发展，塔利班最终有能力推翻阿富汗政府吗？"

他说："我认为会的。政府军实力不济，最终塔利班会推翻政府，重新执政。这是有前车之鉴的，苏联1989年从阿富汗撤军，苏联扶植的纳吉布拉政府支撑了三年被反政府武装推翻。历史将会重演，只是时间早晚的问题。"

"你认为现在的政府能够支持多久？会比纳吉布拉政府支撑得更久吗？"

奥米德笑了："当然不会，美国撤军后，塔利班最快一年就可以推翻政府。"

"你为何对现政府这么没有信心？我每天都看阿富汗国防部

的战报,每天都公布说击毙数十名乃至一两百名塔利班武装分子。"

"国防部的战报肯定有水分,你永远不可能知道他们每天真正击毙了多少塔利班武装分子,他们甚至可能把死亡人数夸大十倍。"

"政府军的实力难道还比不了纳吉布拉政府的军事实力?"

"当然比不了。"

"政府军号称有35万人,而且拥有美式武器装备,塔利班无论是人数还是装备都处于劣势。"

"且不说政府军的人数有水分,政府军的战斗力就很成问题,离开美国和北约的支持,更是不行。"

他的观点跟阿里的形成了鲜明对比,我一时也难以判定谁更有道理。

无论如何,他们三个人或多或少都代表了一部分阿富汗民众的观点。

生活在继续

悲观、恐慌的情绪在阿富汗尤其是喀布尔这种大城市中弥漫。有些小事情或许能够作为风向标反映民众的心态。美国开始撤军后,喀布尔的二手车市场行情下跌,卖车的比从前增加了,但买车的人却大幅减少。原本很多年轻人喜欢买车,现在也都不买了,反倒是有很多人卖了自己的车和房子,在想办法离开这个国家。

当然,也有很多人,完全没有可能离开阿富汗,因此对于美国撤军也只能"无感",毕竟生活还得继续。有一位阿富汗朋友阿卜杜勒，他加紧施工盖房子。由于收入低，他的房子已经盖了好几年，每年拿出当年省吃俭用的积蓄，盖一部分。我问他"房子盖到什么进度了"，他说今年应该就能完工了。我说："美国人要撤军了，局势不安稳，你不担心自己的房子有可能被未来的战争毁掉吗？"他说："我工作了20年，这个房子是这20年慢慢攒钱盖起来的，我比任何人都珍视这个房子，我当然不希望房子毁于战争。但在战争面前谁都无能为力，我能做的就是给家人改善住房条件，其他的听天由命吧，愿真主保佑喀布尔能够平安。"

第十五章
帝国坟场的由来

巴拉希萨尔城堡位于喀布尔河南岸的老城区,始建于5世纪,城墙高6.1米,厚3.7米。城堡位于一座小山的山顶,城墙沿山脊蜿蜒而下,直到喀布尔河边。

这座占地93公顷的庞大建筑群曾经包括王宫、兵营、马厩、武器库等。阿富汗杜兰尼王朝第二任国王帖木儿·沙阿·杜兰尼迁都喀布尔后,巴拉希萨尔城堡成为王宫。

一千多年来,巴拉希萨尔城堡经历了无数的烽火硝烟,也见证了阿富汗沧海桑田的世事变迁,直到1879年第二次英阿战争期间被毁,如今只剩下断壁残垣。

残留的城墙上,修复城堡的工人在废墟里忙着作业,背上涂了红绿颜料的羊三三两两在城墙边吃草,向下望去,山脚下是一大片坟地。

为何阿富汗被称为"帝国的坟场"?刚好,就从巴拉希萨尔城堡说起。

英军入侵阿富汗

阿富汗杜兰尼王朝第二任国王帖木儿·沙阿·杜兰尼去世

◎ 位于喀布尔河南岸老城区的巴拉希萨尔城堡

后,他的儿子们为了争夺王位自相残杀,阿富汗陷入内乱,后来内乱演变成两大普什图家族之间的争斗。最终,来自巴拉克扎伊部落的多斯特·穆罕默德胜出,1837年,他自立为埃米尔,开启了巴拉克宰王朝。

放眼全球,当时的欧洲列强四处侵略,瓜分世界,建立殖民地,中国的清王朝也面临着外国侵略。英国成为日不落帝国,英属印度是"英国皇冠上最璀璨的明珠"。

此时的沙俄不停向东扩张,挺进中亚,这令英国寝食难安。在英国人看来,沙俄此时瞄向了阿富汗,将以阿富汗为跳板,南下印度洋。

英国认为阿富汗国王多斯特·穆罕默德倾向沙俄且很难摆布,决定扶植流亡印度的帖木儿·沙阿·杜兰尼之子舒贾·沙阿(1803—1809年第一次在位)为国王。1838年12月,英国派遣

第十五章 帝国坟场的由来

一支21000人（以印度士兵为主）的部队从印度旁遮普出发入侵阿富汗，于1839年7月推进到喀布尔。多斯特·穆罕默德弃城而去，一路逃到布哈拉。

舒贾回到巴拉希萨尔宫，重登王位，但真正的权力掌握在英国人手中，英国特使兼国王顾问团首席顾问威廉·麦克诺滕实际上是喀布尔的主人。

阿富汗人民不愿接受英国的殖民统治，而且英军的暴行和官员的暴政也不得人心：不服从英国人统治的部族首领被投入监狱，财产遭查没；民众也遭到暴力压迫，被随意羞辱；食物价格飞涨，民不聊生，阿富汗人民很快就掀起了反抗运动，多斯特·穆罕默德的儿子维齐尔阿克巴·汗成为反英的代表人物。我们分社所在区域就是以他的名字命名的，是如今阿富汗的高档社区，也是一些国际组织和多国使馆的所在地。从这个区域的命名也可以看出，阿富汗人对维护国家独立、驱逐外国侵略者的民族英雄也多有推崇。

英国并不愿意向阿富汗投入更多金钱和资源，还削减了国王向各部族提供的补贴，这种做法将舒贾的一些拥护者推向对方阵营。此外，英军在喀布尔寻欢作乐，玩弄、奸淫阿富汗女性，更是激起了阿富汗人民的公愤。

1841年11月3日，喀布尔民众起义，冲入威廉·麦克诺滕的副手亚历山大·伯恩斯家中，将他打死。

经过一番角力，英国人自认毫无胜算，1841年12月23日，英国特使威廉·麦克诺滕企图与维齐尔阿克巴·汗讲和，被后者杀死。但是，伯恩斯和麦克诺滕殒命喀布尔只是英军厄运的开始。

历史总在押韵

1842年1月6日,英国军队和家眷近两万人弃城逃往英属印度,除少部分人逃回喀布尔,仅有一名英国男子(即军医布莱顿)和一批印度士兵活着走到被英国控制的贾拉拉巴德,大部分人因中途遭伏击和冻饿而命丧阿富汗。这就是阿富汗被视为"帝国坟场"的开始。

失去英国人保护的国王舒贾也遭暗杀,1842年9月,重整旗鼓的英军杀回喀布尔,为一雪前耻,在喀布尔烧杀抢掠,将大半个喀布尔城摧毁并夷为平地。

英国人知道,自己无法控制阿富汗,多留无益,在疯狂报复之后,于1842年10月降下巴拉希萨尔宫的米字旗,再次从喀布尔撤回印度。多斯特·穆罕默德重返喀布尔掌权。

英国此次战争损失兵力3万余人,耗费1.5亿英镑,损失惨重。除了人力和财力,英国威望和军事权威也遭到沉重打击——大英帝国竟然不敌装备简陋且被他们视为"未开化"的阿富汗部落民。

太阳底下无新事。正如美国作家马克·吐温所说:"历史不会重复,但总在押韵。"如果苏联和美国能够认真研究这段历史,或许阿富汗的历史就会改写。但它们从历史中获得的唯一教训,就是从不吸取任何教训。

没有接受教训的英国30年后在阿富汗重蹈覆辙。1878年,阿富汗国王希尔·阿里·汗(多斯特·穆罕默德之子)在沙俄的胁迫下接见了沙俄的斯托列托夫使团,但因丧子之痛要求推迟接待英国向阿富汗派出的使团。英国以此为借口,于1878年11月

22日对阿富汗发动了第二次侵略战争。

此时沙俄的势力已经扩张到阿姆河沿岸,与阿富汗交界。英国担心沙俄在阿富汗继续扩张,决心再次发动战争。

英军一路攻城略地,希尔·阿里·汗1879年2月在忧虑中因病去世,其子雅各布·汗即位,放弃抵抗,1879年5月与英方签订《甘达马克条约》,同意英国使团常驻喀布尔,英军可以不经阿富汗政府许可入境阿富汗。

砧板上的鱼肉

马克·吐温的那句名言再次应验。由于阿富汗人民不接受不平等条约,反抗运动此起彼伏。1879年9月3日,英国派驻喀布尔的全权政治代表路易·拿破仑·卡瓦格纳里,被喀布尔城内起义的军民杀死在家中。

英军于10月12日开进喀布尔,展开报复性惩罚,除了杀害反英人士外,还滥杀无辜,巴拉希萨尔城堡在冲突中被炸毁。但阿富汗人没有被吓倒,反抗运动依然如火如荼。英国人发现自己虽然赢得了每场战斗,但却无法摧毁阿富汗人民的抗英意志,根本无法有效控制阿富汗。

1880年8月英国扶植了多斯特·穆罕默德的后人之一阿卜杜·拉赫曼·汗为国王,1881年4月英军撤出阿富汗,条件是:英国继续控制阿富汗的外交。这一期间,英国付出了3亿英镑和3000名士兵生命的代价。

拉赫曼·汗对处于英俄夹缝中的阿富汗有着清醒的认识,他曾经说过,阿富汗就像两头狮子之间的一只山羊,或者像夹在两块磨盘石之间的一粒小麦,像这样的小国,怎么能够自立于双磨之间而不被碾为齑粉呢?

1919年2月,阿卜杜·拉赫曼·汗的孙子阿曼努拉·汗在父亲哈比布拉·汗被暗杀后继承王位,他宣布摆脱英国控制,实现完全独立,引发英国不满。1919年4月,第三次英阿战争爆发。比起前两次,此次战争中只发生了一些小规模的战斗。

当时印度的反英民族解放运动不断高涨,加之英国刚经历过第一次世界大战,需要恢复国力,无心恋战,双方举行和谈,于1921年11月达成最终协议,英国承认阿富汗独立。

距离第一次英阿战争100多年后,世界两强又先后陷入阿富汗战争的泥潭:1979年12月,苏联入侵阿富汗,10年后铩羽而归;2001年10月,美国出兵阿富汗,20年后狼狈撤离。

说阿富汗是帝国坟场多少有些言过其实,且不说在历史上亚历山大大帝、波斯帝国的居鲁士大帝、蒙古帝国的成吉思汗都征服过这片土地,这里并没有成为这些帝国的坟场;反而从战争受害者角度来看,这片土地更像是阿富汗人的坟场,因为遭受战争蹂躏的还是生活在这里的人们,近代以来,入侵的列强从战争中捞不到好处就拍屁股走人,但是阿富汗人却成了砧板上的鱼肉,多次被刀劈斧削,被无情碾压,却无处可逃。

第十六章
儿童节的心愿

2021年儿童节前夕,我去了喀布尔郊区的"国内流离失所者"营地。一大片裸露的黄土地上,密密麻麻地扎满了数百顶帐篷,其中一顶就是8岁的帕萨莱的家。

帕萨莱原本住在拉赫曼省,十几天前,政府军和塔利班之间的战事加剧,一枚迫击炮弹击中了他家,一名家庭成员因此丧命。为了活命,父亲带着一家人逃离已成为交战区的家乡来到喀布尔。

帕萨莱和家人所在的这个营地住了约800户人家,一顶帐篷就是一个家庭,全家人都挤在里面,没有厨房,没有厕所。这些人基本上靠政府和慈善组织的捐助艰难度日。根据联合国儿童基金会的统计数据,在阿富汗,战乱导致的国内流离失所者有300万,其中约一半是儿童。类似营地在阿富汗很多大城市都有。交战区的民众,有的房屋被毁,有的担心会在战斗中死于非命,他们纷纷逃离家园,大部分都逃难到城市,住在类似的流离失所者营地。营地的生活非常艰苦,帐篷仅能遮风挡雨,冬天的严寒和夏天的酷暑极端难熬。

被问及最大的愿望是什么,帕萨莱说:"我最想上学,因为

◎ 喀布尔街头卖冰淇淋的男孩儿

家乡在打仗,我没办法上学,我讨厌战争。"

9岁的拉赫马图拉是帕萨莱的朋友兼同乡,他也是跟随家人逃难来喀布尔的。他也说:"我们在这儿没有学校可去,我想回家上学。"

像帕萨莱和拉赫马图拉这样的失学儿童在阿富汗比比皆是,根据联合国儿童基金会的统计数据,阿富汗失学儿童约370万,占适龄入学儿童的约50%。

帕萨莱和拉赫马图拉不仅无法上学,平时还要捡垃圾换钱补贴家用。有的家庭,父亲赚的钱不够养家;有的家庭,父亲在战乱或袭击中死伤,而母亲在这个保守的社会中找工作更加艰难,只能让孩子出来赚钱。

据阿富汗媒体报道,约300万儿童用稚嫩的肩膀扛起养家责任,他们赚钱的方式多样:卖水果和小商品、做送水工、擦鞋、当佣人,还有一些在街上乞讨。在喀布尔的大街上这样的儿童随处可见。

我每次出门都带一些零钱,因为每次下车总会迅速出现一群儿童把我包围,我一般都会给他们。我到喀布尔工作半年多,从来没有见过外国人敢在街上行走。外出时,外国人也都是依赖汽车,很多国际机构和企业都配备有防弹车,每次出行都是从家门或者单位直接开到要去的地点,中间不会下车。更不可能有外国人敢在喀布尔的大街上逛街,那无异于自杀。我每次在街上采访和拍摄,其实都非常紧张,而且被儿童包围也存在一定风险,当地媒体报道过,有恐怖分子雇佣儿童往目标车辆上放置炸弹。所以,我在街头采访时,在给乞讨儿童一些零钱后,就让他们不要再围着我了,告诉他们我得工作,请他们不要影响我工作。他们一般都比较听话,拿到钱就不再追着我要了。

即便这些儿童拼尽全力,依然无法改变贫困现状,也无力改变自身命运。据儿童救助

◎ 住在喀布尔贫民窟的孩子们

会的统计数据，2021年，阿富汗约有730万儿童面临食物短缺；据联合国儿童基金会的统计，在阿富汗5岁以下的儿童中，约130万人严重营养不良。

比起帕萨莱和拉赫马图拉，法蒂玛和玛丽亚姆两姐妹算是幸运的，她们是喀布尔一所中学的学生。但5月8日成了她们的梦魇。

恐怖分子趁她们放学在学校门口实施了连环炸弹袭击，造成200多人死伤，受害者大部分都是学生。两姐妹在袭击中活了下来。

法蒂玛说："对我来说，儿童节最大的愿望，也是我这一生最大的愿望，就是能够看到我们国家终结战争，迎来和平。我们不用担心袭击和战乱，可以正常上学。"回忆起遭袭的场景，法蒂玛依然泪眼婆娑："大家刚走出校门，就爆炸了，有些同学被炸飞了。我被炸得不省人事，醒来后就发现自己在医院里。"

她说："由于持续战乱，很多孩子无法上学，没钱看病，也没有什么娱乐，有的还在袭击或战乱中被杀或受伤成为残疾儿童。"

玛丽亚姆说："我的眼睛在袭击中受伤了，至今没有完全恢复。阿富汗的儿童应该像世界上其他国家的儿童一样，我希望所有人都能尊重我们，不要再袭击儿童了。"

阿富汗儿童生活在世界上最致命的国家之一，他们是战乱中最弱小、最容易受伤害的群体。死亡的阴影笼罩着他们，每天都有儿童或死于战乱、恐袭，或见证自己的亲人死于非命。

据"对武装暴力采取行动"组织统计，从2016年到2020年，有1600名阿富汗儿童在北约联军主导的空袭中死伤，占在空袭行动中死伤平民的40%。而据儿童救助会统计，从2005到2019

年,至少有2.6万名儿童在战乱和袭击中死伤。

  正如描述阿富汗的小说《群山回唱》中所说,在这片土地上,"每平方英里都有一千个悲剧"。阿富汗持续了40多年的战乱造成了大量悲剧,导致无数无辜的孩子生于战火,食不果腹,失学做工,而最不幸的那些就如同未来得及盛开便凋零的花朵,无声无息湮没于时间的长河。

第十七章
在阿富汗，我感染了德尔塔

"屋漏偏逢连夜雨"，阿富汗本来就多灾多难，自从新冠肺炎疫情暴发以来，阿富汗民众在战争泥淖中挣扎的同时，还要与新冠肺炎做斗争。

阿富汗公共卫生部代理部长瓦希德·马杰鲁赫2021年6月3日呼吁本国民众非必要不出门，居家两周，以防新冠肺炎疫情扩散。他说，如果民众不遵循公共卫生部的防疫建议，阿富汗很快将面临疫情失控。

没法保持社交距离

根据公共卫生部6月3日发布的新冠肺炎疫情数据，阿富汗较前一日新增确诊病例1509例，累计确诊7.6万例；新增死亡病例34例，累计死亡3068例。

不过，由于阿富汗检测能力相当有限，这个数字完全没有参考价值。我跟阿富汗朋友讨论这个问题时，他们大都认为，疫情已经失控，他们从自己身边亲朋好友的状况推断，大部分阿富汗人都已感染过新冠病毒。

阿富汗疫情肆虐有多种原因。首先，政府在防疫政策方面基本躺平，采取的唯一实际措施是5月29日下令，阿富汗16个省的大中小学停课两周。

此外，政府要求民众遵守防疫规定，主要是保持社交距离和出门戴口罩。这一要求显然是空谈，我在阿富汗街头看到戴口罩的民众屈指可数。在银行熙熙攘攘的营业厅中，也没有人保持社交距离。由于座位有限，等待办理业务的民众都紧挨着坐在一起，无法做到隔开就座。不仅办理业务的大部分民众不戴口罩，就连银行职员也鲜有戴口罩的。我去政府部门办事，大家排队时也都挤在一块儿。

疫苗接种率极低

对很多民众来说，吃饱饭都是奢望，哪有多余的钱买口罩？疫情面前只能听天由命。居家不外出也不现实，很多人靠打零工维持生活，一天不工作就一天没饭吃。

除了现实条件难以落实政府的防疫政策外，阿富汗疫苗接种率极低也是一块短板。联合国统计数据显示，截至2021年6月，阿富汗接种疫苗的人数不足全国总人口的2%。

◎ 中国援助阿富汗的疫苗于2021年6月10日运抵喀布尔

疫苗接种率低有几方面原因,首先是缺乏疫苗,当时只有中国和印度向阿富汗捐赠了一些疫苗,相较于3000多万的人口基数,这些疫苗很显然不能满足需求。其次,相当比例的阿富汗民众没有认识到新冠肺炎的危害性,接种疫苗的意愿不高;还有一些保守的民众,不相信疫苗的安全性,甚至还有人相信谣言,认为疫苗是西方国家用来毒害阿富汗民众的;更有甚者,每年都有极端组织将枪口对准接种疫苗的医务工作者,尤其是女性医务工作者。

以上诸多不利条件,注定了新冠肺炎疫情在阿富汗必然快速传播。美国驻阿富汗使馆的情况,可以让我们对阿富汗疫情猜出几分。美国国务院发言人内德·普赖斯2021年6月17日说,阿富汗正在经历第三波新冠疫情,美国驻阿富汗大使馆因大量工作人员感染"新冠",17日起要求全员远程办公,非必要不外出。

普赖斯没有提及驻阿使馆有多少人感染"新冠",只说"非常多",而且使馆一名当地雇员病亡。另外,驻阿美军医疗机构的重症监护病房已经满员。

终于感染新冠肺炎

阿富汗缺乏医疗设施和检测试剂,政府没有公布过这一阶段流行的毒株类型,但是民众一般认为,阿富汗五六月流行毒株是德尔塔。因为从4月开始,印度感染德尔塔毒株的病例飙升,阿富汗社交媒体上也流传着印度大规模就地火化新冠死亡者的图片。到了5月份,阿富汗新冠肺炎感染人数激增,推断是德尔塔毒株传了过来。

进入6月，不止一位阿富汗同事告诉我，身边有很多人发高烧，呼吸困难，亲朋好友中也有人去世。朋友也告诉我，最近一段时间因新冠肺炎去世的人明显增多，劝我尽量不要出门。

我出行都做必要防护，出门必戴口罩，回到单位喷洒酒精消毒，认真洗手。即便已经非常小心了，但2021年6月10日我还是出现了感染症状。

上午我外出采访时，一切正常。晚上写稿时便开始发烧。我强忍着，大汗淋漓发完稿件后躺在床上，体温越来越高，高到40摄氏度。

虽然裹在厚厚的被子里，我依然觉得浑身发冷。当时我觉得自己应该是感染了新冠病毒，因为多年没有发过烧了，而且以前发烧也没有这么难受。第二天一早我就做了核酸检测，不出所料，阳性。

从感染之后的第一天晚上起，我的症状就非常明显——冰火两重天——身上发冷却浑身冒汗，发烧不止，酸痛难耐。除了胸闷和干咳，我发现自己的嗅觉也丧失了。夜里很难入睡，白天也是昏昏沉沉。我手头也没有药，只吃了从国内带来的清热解毒的中成药以缓解症状。

我不知道该怎么告诉家人自己得了新冠，怕他们担心，但敏感的妻子还是感觉到了我的异样。我们约好，不要慌乱，要科学战胜病毒，先不必告诉家里老人。远在北京的新华社总社和位于香港直接管辖喀布尔分社的亚太总分社都很关心我的病情，但确实鞭长莫及，无法做更多来帮助我。尽管如此，领导同事和朋友的关怀鼓励也给了我极大的精神支持。

我的一位在香港的领导专门咨询了医生朋友，让我注意检测血氧饱和度，这是一个很关键的指标，如果低于93，最好要吸氧。

　　当时国内防护非常严格，大部分人都没有得过新冠，对新冠也不了解。一位在中东地区驻外并经常来喀布尔出差的朋友之前在国外感染过，她根据自身经历建议我，除了吃药，主要靠多休息、多喝水，保证营养，多吃蛋白质含量高的食物。她说自己没去医院就康复了，鼓励我不必担心，肯定可以战胜新冠。虽然她当时的症状跟我的不太一样，但她的经历给了我一些信心。

　　当时喀布尔唯一收治新冠病人的医院早就人满为患，而且医院不仅缺医少药，也没有充足的医用氧气，我决定不再折腾去医院。

　　喀布尔的医疗水平也让我难以信任，很多阿富汗人生了复杂一点的病，都要去巴基斯坦或者印度的医院。我让阿富汗同事帮我买了一个指夹型的血氧仪，我测量了一下，显示血氧指数92，刚好在吸氧的边缘。

　　当时的医用氧气是紧缺物资，有钱也不一定买到，虽然在宿舍吸氧是不是安全我也没有把握，但谨慎起见，我还是请雇员去帮我买了一台制氧机。

　　头三天一直发烧，有时温度还挺高，晚上迷迷糊糊，睡不了一会儿就醒，每次醒来，我都要确认是不是因为呼吸困难醒来的，好笑的是，有时候还没确认完就又迷迷糊糊睡着了。半睡半醒之间有时也会感觉憋闷，这时候我就会吸一会儿氧。在最痛苦的阶段，我心情也非常低落，偶尔会想，自己不会就此交代在喀布尔了吧。

"巴铁"的抗生素

第四天终于退烧了,我的精神状态也随之好转。就在我误以为自己逐步康复的时候,病毒很残酷地让我再次领教了它的厉害,从第六天起,我又开始发烧了。而此时我的血氧饱和度依然没有超过93,感觉憋闷时我就吸会儿氧。

病情的反复让我很困惑,赶紧在一个国内的医疗平台约了在线问诊。简单介绍情况后,那位经验丰富的医生仔细询问我"是不是咳黄脓痰",我说"是"。医生判断说,我的情况属于新冠病毒感染合并细菌感染,引发了发烧,必须要吃三到五天抗生素。

我只好又麻烦雇员帮我去药店买抗生素,他帮我买回了一小盒。我仔细看了看说明书,是巴基斯坦生产的。"巴铁"抗生素没有辜负我的期望,吃到第三天时,我终于退烧了。

虽然这一个多星期我的身体非常虚弱,基本处于躺平状态,但每天还是挣扎着从床上爬起来给自己做饭。尽管毫无胃口,我也强迫自己吃点儿饭,尽量补充蛋白质,以增强免疫力,对抗病毒。

最难熬的一个多星期过去了,我称了一下体重,7天瘦了10斤。我以为会很快康复,但再次被病毒打脸。我开始猛烈地咳嗽,咳得夜里睡不好觉,咳到不能开口说话。这种高强度的咳嗽持续了将近一个月。同时,丧失的嗅觉也过了一个月才逐渐恢复。

发烧的一个多星期，我主动减少了大部分工作，只保留了极少数必须要完成的任务。

回过头来看，我觉得自己是幸运的，挺过了患新冠肺炎的至暗时刻。在病情最严重的那几天，我确实偶尔情绪悲观。外面的爆炸声、病痛的折磨和猝不及防的孤独纠缠在一起，我的心情会在某个瞬间跌至谷底。

我平时是一个比较乐观的人，也自认不是一个懦弱的人。在我来阿富汗工作之前，有同事见到我在一次"暴风骤雨"般的事件中平静的表现后，曾半开玩笑地说我"泰山崩于前而色不变，令人佩服"。但在阿富汗，我只能坦然面对一切，战乱也好，病魔也罢，除平静接受外，也别无他法。

平时总是喜欢腻在我身边的小猫，非常不明白我为什么不让它进卧室了，我其实是怕把新冠传染给它，只能把它关在我的卧室之外。小猫或许也跟人心灵相通，我生病这几天，有时半夜起来上厕所，打开卧室的门，发现它就守在门口睡觉，看到我开门，还会抬头看看我，但我也不敢抚摸它，只是示意它继续睡觉。它的陪伴让病痛中的我多少感受到了一丝慰藉。

我的身体在逐渐康复，而阿富汗的整体形势却每况愈下。塔利班不断加强进攻政府军的力度，越打越猛，势如破竹，而喀布尔和其他大城市的恐怖袭击也愈演愈烈，伤亡人数居高不下。等待喀布尔的，会是一场血雨腥风吗？

第十八章
中国公民撤离

2021年6月19日，中国外交部和中国驻阿富汗大使馆在网上发布安全提醒，提醒在阿中国公民和机构，进一步加强防范和应急准备，并利用国际商业航班等尽早离境。

这则提醒发布后，在国内引发广泛关注。亲朋好友和同事都很关心我的安全，纷纷跟我打听阿富汗的局势到底怎么样了。

安全形势急转直下

外交部发布这则安全提醒的原因很简单：美国和北约军队自5月1日开始撤离阿富汗，给阿富汗带来巨大的安全真空，导致阿富汗安全形势急转直下，在前面几篇的讲述里，大家都能看到，美国开始撤军后，战事越来越激烈，已经有了风雨欲来的紧迫感。

与政府军交战多年的塔利班，趁着外国军队撤离加大进攻力度，四处攻城略地，而且多有斩获。仅6月19日、20日两天，塔利班即攻占了阿富汗8个省份的17个地区，其占领的地区总数已达到60个左右。在多个地区，出现了政府军不战而降、不战而逃的情况，美军向政府军提供的不少装备落入塔利班之手。除了农村地区和中小城市外，塔利班还计划攻击大城市，在昆都士省和法里亚布省，塔利班已逼近两省首府，正在和政府军激战。如果能够顺利拿下这两座首府，哪怕是其中一座，对塔利班来说也是破纪录的进展——自2001年被美国赶下台后，塔利班还从来没有攻占过省会城市。

不少民众成为战争的牺牲品，例如，6月21日在昆都士省首府昆都士市，包括儿童在内的5名平民死于交战双方的迫击炮炮火。多地区的道路、桥梁、房屋等基础设置也在交战中被毁。

除了在正面战场加紧对政府军的攻势以外，塔利班也增加了袭击政府军警人员的频次。6月6日，阿富汗北部巴尔赫省和法里亚布省当天分别发生塔利班武装发动的汽车炸弹袭击事件，数十名安全部队成员死伤。

阿富汗政府为了应对塔利班攻势，撤换了国防部和内政部负责人，并加大打击力度，但收效有限。

多国使馆发布安全预警

阿富汗境内活跃着20多个恐怖组织和极端组织。美国和北约开始撤军后，这些组织活跃起来。

◎ 分社门口堆起来的沙袋，用于防爆和防流弹

仅拿喀布尔举例，5月初，发生一起针对女子中学的大规模袭击事件，超过200人死伤。进入6月以来，仅6月1日至3日共发生三起公交车遇袭事件，14人死亡，17人受伤。6月12日，两辆公共汽车遭袭，7人死亡，同日，5名喀布尔市民遭枪击身亡。

全国范围内，小规模袭击事件每天都会发生多起。据阿富汗官方数据，5月，阿富汗国内与恐怖主义活动相关的死亡人数为4375人，是4月的2.6倍。

我采访了多名喀布尔市民，他们普遍对美军撤军以来大量增加的袭击感到恐慌。市民鲁吉娅·瓦法说："政府完全无力遏制恐怖团伙向喀布尔和其他大城市渗透，我不敢外出工作或购物，我的孩子们也不敢出门去上学。"穆罕穆德·易卜拉欣说："安全形势不断恶化，我们这个区域的警察力量不够，这几天我们本地居民都拿起枪帮助警察维护我们这个区域的治安。"

不仅本国人恐慌，外国人对于阿富汗的安全局势也非常担忧。例如，澳大利亚政府决定于5月28日暂时关闭位于喀布尔的使馆。美国也在5月15日向在阿富汗的美国公民发布安全提醒，强烈建议美国公民在喀布尔国际机场运营正常的情况下，乘坐商业航班尽快离开阿富汗。

喀布尔机场控制权引人关注

美国使馆之所以提到喀布尔国际机场，是因为在不断恶化的安全形势下，喀布尔国际机场的运营情况关乎外国公民能否顺利撤离阿富汗。

美国和北约虽然自5月1日开始撤军，但是在撤军完成前，机场依然由北约控制。北约希望撤军结束后将其移交给土耳其，由土耳其驻军保证机场安全运营。但塔利班已数次公开表示，反对外国以任何理由继续驻军，并威胁如果以美国为首的外国军队不按期撤离，他们将发动攻击。

美国和北约盟国普遍担心，如果失去机场控制权，其安全将得不到保证，商业航班运营将受影响，从而关乎是否有必要赶紧撤侨并关闭使馆。

阿富汗的战乱状态已经持续了40多年，投资环境日渐恶化。在阿富汗的中国公民数量并不庞大，以几家在阿中资公司的员工为主，这些公司平时非常注意安全防范，也都为应对极端状态做了相应准备。

需要指出的是，从阿富汗撤离基本上只能通过空路，陆路撤离非常危险，难度也非常大——沿途不光会经过政府军和塔利班交战区以及塔利班控制区，有些地区还活跃着"基地"组织和"伊斯兰国"等恐怖组织。说起来，这真是讽刺。20年前，美国以"反恐"的名义入侵阿富汗；20年后，恐怖组织反倒是有增无减。

第十九章
一觉醒来，美军溜了

2021年7月2日凌晨，阿富汗巴格拉姆空军基地一片漆黑，虽然阿富汗由于电力供应不足，大量民宅经常黑灯瞎火，但这个被美军控制了20年的基地显然不存在电力供应问题。这是美军故意切断电源，利用夜色掩护，"悄悄"撤离。美军保密工作非常到位，事先并没有通知自己的盟友——阿富汗政府。毫不知情的阿富汗指挥官在美军走后两个小时才赶到，而一伙劫匪已捷足先登，在空无一人的巴格拉姆基地大肆抢掠了一番。

20年前，美军从塔利班手中夺取这个基地时，大概不会想到竟以如此不体面的方式告别。

这种不体面让美国在一些阿富汗人心目中的好感荡然无存。巴格拉姆空军基地附近的居民沙菲库拉无奈地笑着对我们说："令人难以置信，他们竟然在夜间逃离，而如今的阿富汗战斗正酣。"

巴格拉姆空军基地坐落于兴都库什山脉环抱的一处平原上，距离喀布尔约50公里。这处占地77平方公里的兵家必争之地，数十年来几度易手。

基地一度容纳了10万美国和北约士兵,飘扬着36国国旗,两条长度均超过3000米的跑道,高峰时期每天都有数十架次战斗机、无人机和运输机起降。现在不再有飞机起降的声音,耳旁只有呼呼的风声。

基地的指挥官阿萨杜拉·库希斯塔尼将军对我们说:"美军没有在基地中留下任何重要的东西,他们带走或摧毁了所有重要的军事装备,基地内没有留下任何军用飞机。"

在基地空旷的停车场上可以看到数百辆民用汽车,这是美军留下的为数不多的有价值的资产,但很多还没有启动钥匙。

昔日的巴格拉姆基地可不是如此寂寥,当年的基地犹如一座繁荣的小型城市,邮局、健身房、游泳池、影院、洗衣房、汉堡王和必胜客等快餐店、咖啡馆、购物中心、医院一应俱全。

如今,这个空荡荡的基地对阿富汗军方来说,甚至有些过于

◎ 位于阿富汗帕尔万省的巴格拉姆空军基地,美国军队撤离之后,大量汽车被丢弃

庞大，因为他们可没有这么多军机让这个基地得到充分利用。

巴格拉姆空军基地见证了阿富汗近几十年来的多舛命运。基地的前身是50年代苏联援建阿富汗的民用机场，1979年12月苏联派兵进入巴格拉姆基地，开启了入侵阿富汗的十年历史进程。

苏联1989年从阿富汗撤军后，基地先后在苏联扶植的阿富汗政府和北方联盟以及塔利班之间易手，并在战争中遭到严重破坏。

2001年美军出兵阿富汗后，从塔利班手中夺取了巴格拉姆基地。

美国连着三任总统小布什、奥巴马和特朗普都来过这个基地，都宣称美国会在战争中获胜，并许诺给阿富汗一个更好的未来。如今看来，美国不仅没有取得胜利，更没给阿富汗留下美好未来。

65岁的古尔·穆罕默德是巴格拉姆的一个废品经销商，站在满地狼藉的废品堆前，他对我们说，过去20年来，美军在巴格拉姆留下的唯一遗产不过是卖给当地经销商的成堆废品。美军在撤离前把无法带走又不愿交给阿富汗军方的武器装备都拆解成了金属碎片。此外，这些废品还包括制服和靴子等。

古尔说，美国从巴格拉姆撤离是一场"耻辱性的失败"，他说："他们是来消灭恐怖分子的，但却遭恐怖分子痛击而逃跑。"

其实，巴格拉姆空军基地留下的大量废品，不过是美军留下的烂摊子的缩影。美军仓促撤离巴格拉姆基地，形同将其遗弃，何尝不象征着美国遗弃了阿富汗政府，让其独自应对塔利班的进攻。

美军从巴格拉姆基地溜走，进一步鼓舞了塔利班士气，他们加大对政府军的进攻力度。据塔利班高级官员沙哈卜丁·德拉瓦尔说，到美军从巴格拉姆基地撤离时，他们已经控制了阿富汗85%的国土。

阿富汗政治分析人士阿特拉赫·奥马克希勒告诉我，以美国为首的北约部队在阿富汗驻扎20年，留下的不过是残酷的战斗，他还说，阿富汗20年来持续不断的战争和破坏是美国领导的军事入侵的结果。另一位分析人士穆罕默德·达内什乔则说："继越南之后，阿富汗是美军遭受军事失败后撤离的第二个国家。美国从阿富汗败退将进一步加剧这个饱受冲突困扰国家的战争。阿富汗人对美国很失望，因为他们只留下了战争、破坏和贫困。"

7月2日，当拜登在记者会上被连续问到从阿富汗撤军的问题时，他不耐烦地打断记者，表示"想谈点开心的事儿"。

拜登恐怕完全没考虑过阿富汗人开心与否。很多阿富汗人都快活不下去了，遑论开心。喀布尔居民穆罕默德·纳迪姆7月6日在接受我们采访时说："自从最近几周政府军和塔利班的战事加紧以来，我们的生活一直面临严重困难。食品、厨房煤气和食用油的价格都在疯涨，人民正在遭受痛苦。"

喀布尔街头的商贩穆罕默德·巴西尔则说："我现在每天收入很少，我觉得世界末日越来越近了，我已经没法养活一家8口人了。"

第二十章
从喀布尔到武汉

考虑到阿富汗的安全形势严重恶化，而我的工作驻地安保条件非常有限，继续留下会面临极大的安全风险，领导要求我乘坐中国政府安排的撤侨航班——厦门航空MF8008航班回国，我成了此次撤离行动的亲历者之一。

随着战争离喀布尔越来越近，我在阿富汗的安全状况，其实不仅领导比较担心，就连分社的阿富汗雇员也表示忧心忡忡。雇员阿卜杜勒曾对我说："以前，分社至少有两名或三名中国记者同时任职，现在只有你一个人，我们都觉得你甚至有些可怜。安全形势如此，我们都为你捏把汗。万一塔利班打进喀布尔就太危险了。如果恐怖分子趁机进入喀布尔，作为外国人的你肯定是他们袭击的目标。"

由于局势混乱，除了我之外，阿富汗已经没有常驻的外国记者了，美联社、路透社、法新社等西方媒体的记者都撤到周边国家，只是隔一段时间到阿富汗来出差。

随着美国的撤军行动持续，西方国家在阿富汗工作的公民也都在陆续撤离。

7月2日深夜11时30分，载有200多人的厦门航空MF8008航班在蒙蒙细雨中降落在武汉天河国际机场，航班上的乘客全部是中国公民。飞机着陆的那一刻，不少乘客如释重负地说，"终于安全到家了"。

中国十九冶集团阿富汗分公司总经理李沛龙告诉我，公司在喀布尔承建了中国政府援建阿富汗的两个项目，由于阿富汗安全形势急剧恶化，加上疫情严重，大家都盼着能早点回家。

搭乘航班前，所有乘客按照中国驻阿富汗大使馆的要求，分别在阿富汗两家医疗机构进行了核酸和血清抗体检测，检测合格后，取得登机绿码。7月2日上午，喀布尔国际机场国际出发安检入口处，中国驻阿富汗大使馆工作人员陆续给大家分发防护服、N95口罩和一次性防护手套，让大家穿戴整齐再安检。

进入值机大厅，除了少数阿富汗旅客，整个大厅全是身穿防护服的中国同胞。为了方便彼此辨认，大部分中资公司的员工都穿着自己公司发放的防护服，上面写有自己的名字。使馆的工作人员在现场引导大家并维持秩序，乘客也都自觉排队。有人边排队边说，"今天肯定能到家，不着急"。虽然队伍比较长，但大家的内心愉悦放松，没有任何焦虑。

十九冶集团的一名员工告诉我，自己有两位同事5月从喀布尔经巴基斯坦伊斯兰堡转机回国，要在当地隔离14天，核酸检测和血清抗体检测合格才能回国；而有些同胞就算检测结果合格，也没有合适的航班，要等一个多月甚至更长时间才能顺利踏上回国的旅程。

除了中资公司员工外，候机大厅里还有一位来自赫拉特省的乘客。他是唯一来自赫拉特的中国人，就职于一家阿富汗公司，

第二十章 从喀布尔到武汉

原本打算8月回国，但使馆强烈建议他乘坐这趟航班尽快回国。

值机完毕进入候机大厅的乘客有说有笑，当看到厦门航空的客机缓缓在停机坪停下时，就像看到来自祖国的亲人一样，无比喜悦。

排队走上舷梯时，身着防护服的工作人员给每一位乘客佩戴的手套上喷洒酒精消毒液。进入客舱，站在客舱口迎接大家的空乘人员微笑着说了一句——"欢迎回家"。就是这样平常的一句话，却让滞留在外的游子心生暖意。

为了防控疫情，航空公司做了周密安排：客机一排有九个座位，被两个过道分为三组，每三个座位连在一起，乘客只坐两边的座位，中间空着。乘务员发放了N95口罩和一次性医用手套，还有酒精消毒湿巾。航班准备了饼干、面包、八宝粥等方便食品，并提醒坐同一排的乘客不要同时进餐，而且不要将未吃完的食品带下飞机。

◎ 2021年7月2日，在阿富汗的中国公民在喀布尔国际机场办理乘坐厦航MF8008临时航班登机手续，排队登机

航班起飞前,发生了两个小故事。第一次计划起飞的前一天,有回国需求的一个70余人的团队无法按期从外省赶回喀布尔,多方商议后,决定将航班推迟至7月2日。7月2日当天,当飞机货舱门已经关闭、即将起飞时,机组接到通知,有一位原先不能回国的旅客正赶往机场,为了等待这位回家心切的同胞,航班主动延误一个多小时。

两件"小"事,让我们切身体会到了什么是"一个也不放弃"。

飞机缓缓升空,一路向东,向着祖国、向着家的方向飞去,脚下绵延雄壮的兴都库什山逐渐模糊远去。别了,喀布尔;别了,阿富汗。

航班抵达武汉天河国际机场时,已是深夜。虽然疲惫,但乘客仍旧带着"到家了"的轻松心情走下飞机。

下飞机后,每位乘客都按要求进行了核酸检测和血清抗体检测,然后出海关取行李,整个过程井然有序。取了行李,一路有工作人员引导走出航站楼,登上大巴车,统一送往隔离点。至此,从喀布尔开启的跨越4000多公里的返程才算结束。

从战火不断、疫情肆虐的阿富汗回到祖国母亲温暖的怀抱,终于可以睡一个踏实的安稳觉了。对于个别自愿留阿的中国公民,使馆已协助有需要人员接种新冠疫苗,并将在职责范围内继续提供必要协助。"感谢祖国,感谢使馆和机组全体员工,感谢接纳我们的英雄城市武汉。"我想,这是来自厦门航空MF8008航班乘客的共同心声。

我们这批从阿富汗归来的旅客中,部分感染新冠肺炎的乘客被安排进了武汉金银潭医院进行治疗,没有感染新冠肺炎的乘客则被安排进了隔离点进行隔离。

　　按照北京的政策，我需要在隔离点隔离21天。虽然暂别阿富汗，但我还要负责阿富汗的报道，武汉隔离期间，我依然在工作。有一天午睡时，突然一声巨响将我惊醒，我条件反射般地从床上坐起来，心想：又爆炸了，这次这么响，爆炸地点一定离分社很近，赶紧核实发稿！就在我起身的一瞬间，我突然清醒过来：我现在已经在国内了，没在喀布尔。

第二十一章
多米诺骨牌加速倒下

从喀布尔回国后,我被安排在武汉蔡甸区的一个隔离点。与此同时,阿富汗的整体形势越发紧张,在与阿富汗雇员的远程沟通中,我感觉战争在日益逼近首都喀布尔。

2021年7月8日,美国总统拜登宣布,驻阿富汗美军将于8月31日前完成撤离,5天后,美军中央司令部表示,美国从阿富汗撤军进程已完成超过95%。

阿富汗总统加尼8月2日表示,阿政府已制定一项为期6个月的安全计划,以改变战场形势。他相信阿政府军有能力做到这一点,但他并没有说明该计划的具体内容。虽然阿富汗总统加尼在对外表态中依然镇定,但是他内心真实的想法,外界不得而知。阿富汗国内已经有一些加尼会随时跑路的传言,早在5月,雇员奥米德就对我说:"加尼前一段时间把自己的一个亲信派去接管机场了,大家都认为,这是在为他以后随时逃离阿富汗做准备。"

我问奥米德:"你相信这个传言吗?"

"很多人都相信这是真的。当年人民党最后一任领导人纳吉布拉在政权倒台后,想前往机场逃亡,但是在半路被拦截,最后被塔利班处决。有了这个先例，加尼想跑路，也不足为奇。"

或许阿富汗政府军也洞悉加尼的想法，他们在塔利班的攻势下，节节败退。塔利班8月6日攻占了阿西南部尼姆鲁兹省首府扎兰季市，这是自美军5月1日开始撤离以来他们攻占的第一个省会城市。对塔利班来说这无疑是一个巨大的战略性胜利，极大鼓舞了塔利班的士气；同时对已经基本丧失战斗意志的政府军来说，这是致命一击。

第一张多米诺骨牌一旦倒下，结局就已经注定。随后，政府军一溃千里，塔利班摧枯拉朽般在9天内就攻占了全国过半的省会城市。尽管大家都知道阿富汗政府大势已去，但说实话，没有人预料到塔利班取胜的速度会如此之快，耗时如此之短。

7日塔利班攻占了北部朱兹詹省首府希比尔甘市；8日连下三城，攻占了北部昆都士省首府昆都士市、萨尔普勒省首府萨尔普勒市和塔哈尔省首府塔卢坎市；9日，攻占了北部萨曼甘省首府艾巴克市。

面对塔利班的凶猛攻势，阿富汗政府也不是毫无动作。总统加尼9日召集各派别领导人举行会议。阿富汗总统府表示，会议决定加强动员各地民兵武装，加大装备配备力度，支持各地民兵武装抗击塔利班。

而美国此刻还在为阿富汗政府壮胆，五角大楼发言人约翰·柯比9日在记者会上表示，阿政府军在作战能力上要优于塔利班，阿政府应发挥其政治和军事领导力。他还说，美军会根据其权限在"可行的地点和时机"为阿政府军提供空袭等支持。

很快，美国被现实打了脸。塔利班10日攻占了西部法拉省首府法拉市，11日攻占了北部巴格兰省首府普勒胡姆里市和巴达赫尚省首府法扎巴德市。

阿富汗总统加尼坐不住了，他11日从喀布尔赶赴北部巴尔赫省首府马扎里沙里夫市并主持召开了安全会议，讨论协调政府军和地方武装力量共同抵抗塔利班。阿国防部同日宣布，加尼任命希巴图拉·阿里扎伊为新的政府军参谋长。

与此同时，美国政府12日宣布，由于阿富汗安全形势迅速恶化，美方将进一步撤离驻阿外交人员。五角大楼发言人柯比随后表示，国防部长奥斯汀已命令部署兵力以确保美国及盟国人员安全有序撤离阿富汗。美军将在未来48小时内从中央司令部辖区抽调约3000人，部署到喀布尔机场。

加尼的一系列应对举动似乎毫无作用，塔利班13日连下八城，攻占了阿南部坎大哈省首府坎大哈、西部赫拉特省首府赫拉特、西部巴德吉斯省首府瑙堡、南部扎布尔省首府卡拉特、南部赫尔曼德省首府拉什卡尔加、东部卢格尔省首府普勒阿拉姆、中部乌鲁兹甘省首府塔林科特和西部古尔省首府菲罗兹山。其中，坎大哈和赫拉特分别是阿富汗第二和第三大城市。

14日塔利班攻占阿东部帕克蒂卡省首府沙兰市，至此他们已攻占全国34个省会城市中的19个。

阿富汗总统加尼14日发表全国电视讲话，他说，作为总统，他保证将致力于阻止局势进一步动荡，遏制暴力继续蔓延，避免更多民众流离失所。他说："为达到这个目标，我已同各派政治领导人和国际人士启动了广泛的协商，我会很快同人民分享协商结果。"

阿富汗代理内政部长阿卜杜勒·萨塔尔·米尔扎夸勒则说，

第二十一章 多米诺骨牌加速倒下

政府军正在集中力量保卫主要交通干道、大城市和重要口岸。同时，阿政府正在武装地方民兵组织以抵抗塔利班的进攻。

听上去，加尼政府还是非常有信心坚守喀布尔，继续与塔利班较量到底。谁又能想到，一天后的15日，加尼就放弃职责，离开喀布尔，逃亡国外。

加尼和一众政府高官可以溜之大吉，而无力离开阿富汗的平民再一次成为最大受害者。

联合国秘书长古特雷斯8月13日说，仅在过去的一个月中，就有超过1000人丧生或受伤，赫尔曼德省、坎大哈省和赫拉特省的局势尤为严重，至少有24.1万人被迫逃离家园，医院人满为患，食物和医疗用品正在减少，道路、桥梁、学校、诊所和其他基础设施正被损毁。

37岁的比比·玛丽亚姆看上去比实际年龄要苍老。7月初，她从巴尔赫省的农村逃到省会马扎里沙里夫，带着两个侄子住在一处流离失所者营地，她家乡的房子在最近的战火中被毁，两个孩子的父亲在战争中失踪。时值盛夏，马扎里沙里夫白天温度高达45摄氏度，而他们住的帐篷里连风扇都没有。"为了生活，我们在这儿乞讨，有时慈善组织会给我们发放一些食物。乞讨非常耻辱，但我别无选择。"她说自己"这辈子最大的愿望就是能够生活在和平的环境下，如果战争停止了，我希望能够回到我老家的村子，重新开始我的生活"。她说，战争是阿富汗平民生活痛苦的万恶之源，毁掉了无数人的家园，很多人因为战争无家可归，很多孩子因为战争成了孤儿。

营地里另一位背井离乡者哈吉·法伊兹说："如今无论在流离失所者营地，还是我们老家的村子里，生活都很艰难。我们在这儿一无所有，最基本的生活用品都没有，但是在村子里很危险，很可能在政府军和塔利班的交火中死伤。我们从儿时起到现在一直在忍受战乱之苦。我们被杀害，我们被剥夺了权利，孩子不能去上学。"

来自巴尔赫省、生活在喀布尔流离失所者营地的阿卜杜勒·拉赫曼说："谈判毫无效果，政府和塔利班都不愿意为了国家利益而妥协，而阿富汗民众在战争中失去了一切。我的家乡位于交战区，留在那儿有生命危险。"

风雨欲来，很多阿富汗人也打算离开阿富汗，有些已经在办理出国手续，怕到时无法办理护照和签证，也担心一票难求。

第二十二章
喀布尔"惊魂一日"

2021年8月15日上午,分社同事奥米德非常紧张地给我发信息:情况紧急,塔利班进入喀布尔!有人已经在街头看到了……

自此开始的24小时,波谲云诡,时局突变。从塔利班武装力量合围首都喀布尔到塔利班控制喀布尔所有区域,再到总统加尼离开阿富汗,每一个动态都可以载入阿富汗史册。至此,40多年一直经历战乱之苦的阿富汗民众再次被推到命运十字路口。

喀布尔成为孤城

奥米德15日一早告诉我,塔利班武装力量已对喀布尔完成合围,目前在城郊处待命,但社交媒体上已有传言称,塔利班武装人员已经进入喀布尔市区。

听到传言后,大部分市民开始从单位往家里赶,喀布尔市区出现了前所未有的大堵车,平时半个小时的车程,当天花了六个小时。沿街的商铺也都早早关门,政府机构、银行、博物馆也都纷纷关门。

我问奥米德:"为什么大家都拼命往家里赶?家里更安全吗?"

奥米德说："是的，大家认为在家里比在单位里更加安全。塔利班仇视现政府、仇视外国机构，大家担心在单位里会遭到塔利班的报复。而且政府都快不存在了，更没有必要在单位里了。"

随着塔利班进城的消息传来的，还有政府军警的不作为。很多巡逻的军警直接就把军车、警车和武器装备扔到街上，自己跑了。我们分社街口执勤的警察也毫无意外地放弃了岗哨，不知跑到哪里去了。

喀布尔部分地区传来零星枪声，街头出现许多不明身份的武装分子，不仅抢劫私人财产和车辆，也抢劫政府财产，仅在喀布尔北部就抢劫了数百辆被政府扣押的摩托车和汽车。

眼见喀布尔陷入恐慌，总统府发表声明，否认塔利班进攻喀布尔，还说安全部队和国际盟友正在保卫喀布尔，局势在政府控制之下。

而按照塔利班方面的说法，从6日攻占第一个省会城市起，10天之内塔利班已攻占全国34个省会城市中的30个，目前已经基本从四周包围了喀布尔，喀布尔此刻已经成为孤城。

加尼仓促逃离

塔利班发言人扎比乌拉·穆贾希德15日在社交媒体上说，塔利班已经命令所有武

◎ 市民纷纷从单位往家里赶，很多路段堵车严重（2021年8月15日）

装人员不要进攻喀布尔。

阿富汗代理内政部长阿卜杜勒·萨塔尔·米尔扎夸勒同日表示，政府军会确保喀布尔市的安全。他说塔利班不会攻击喀布尔，现政府会以和平方式进行权力移交。

更多重磅消息接踵而至：阿富汗民族和解高级委员会主席阿卜杜拉在社交媒体率先证实，总统加尼已离开阿富汗。而据塔吉克斯坦"亚洲之声"通讯社等媒体报道，加尼在阿富汗一些官员的陪同下已前往塔吉克斯坦，此后还将去往其他国家，目前尚不清楚其下一步行程。

阿富汗塔利班发言人当天晚些时候宣布：塔利班武装人员已进入首都喀布尔。他表示，由于在喀布尔的阿富汗安全部队已放弃职责、四散而去，塔利班武装人员已进入喀布尔市内，以保障民众安全，维护社会秩序。

总统加尼最终也表态证实自己已离开喀布尔，15日晚加尼在社交媒体上发表声明说，他面临的是一个艰难抉择。如果他坚持留下来，将有无数同胞被杀害，首都喀布尔也会遭到破坏，这将是一场巨大的灾难。为了避免这种情况的发生，他决定离开阿富汗。加尼在声明中没有明确表示自己已经辞职，也没有说明去向。

2021年12月，住在阿联酋的加尼在接受英国广播公司采访时表示，8月15日逃离喀布尔事发突然，让他准备逃离的时间"不超过两分钟"。对于逃离时携带大量美元现金的传闻，他予以驳斥。

此前，有阿富汗政府官员在接受采访时表示，加尼没有预料到塔利班这么快就推进到了喀布尔，对此毫无准备，连衣服都没有换就匆忙逃走。对此很多官员持批判态度，认为他背叛和抛弃了阿富汗人民，指责正是因为他执政不力，塔利班才能迅速卷土重来。

加尼迅速逃离喀布尔，我想或许是因为他不愿重蹈阿富汗人民民主党领导人纳吉布拉的覆辙。1989年2月苏联撤军后，其扶植的纳吉布拉政权摇摇欲坠。挣扎了三年后，内外交困的纳吉布拉于1992年4月卸任总统，准备逃亡国外，却在去机场的路上被民兵拦截。他只好躲进联合国驻喀布尔办事处避难，直至1996年塔利班攻占喀布尔后，闯入联合国办事处将其处决。

市民"恐慌却无能为力"

8月15日之前，喀布尔还保持着表面上的平静，除了已经习以为常的爆炸等袭击事件以外，市区街头没有部署比平时更多的军警等安全人员，直升机依然像往常那样每隔几分钟就会从屋顶飞过。市民的工作、生活貌似也照旧，但表面的平静掩盖不了喀布尔市民对战争的恐慌与担忧。

8月初以来，塔利班节节胜利，迅速拿下诸多省会城市，喀布尔民众的心态已经发生了很大变化，越来越多的人开始囤积食物和日用品。"我们就像等待靴子落地一样惶恐不安，"市民阿卜杜勒说，"有钱人和官员从喀布尔机场坐飞机离开阿富汗，也有穷人跑去了巴基斯坦和伊朗。"

"不少人希望逃离喀布尔，但是政府已经不再向民众签发护照。我们虽然害怕，但也无能为力，自己和这座城市的命运都不在我们手中，只能坐等局势进一步发展。"喀布尔市民贝赫巴德说，"我们都希望喀布尔能够免于战火，但愿双方能够和平移交权力。"

◎ 喀布尔街头，儿童围观被加尼政府军抛弃的军车（2021年8月16日）

美国使馆升起浓烟

塔利班迅速进入喀布尔，不仅喀布尔民众非常恐慌，美国及其北约盟友也措手不及，只能在忙乱中加紧撤离。

美国国务卿布林肯15日晚接受采访时说，美驻阿富汗使馆人员已转移至喀布尔机场以确保安全。他表示，阿政府军已无力保卫国家，这一局面确实比美方预期的要快。

美军动用多架次直升机从驻阿使馆撤离人员，使馆院内当天升起股股浓烟，据说这是美外交人员在"紧急销毁敏感文件"。美国国内有批评声音将这次撤离比作美国当年在越南的"西贡撤离"，美国显然误判了阿富汗局势的发展速度。北约当天发表声明，将继续保持其在喀布尔的外交存在，并为喀布尔机场的运转提供协助。

德国15日关闭在喀布尔的使馆，并准备派遣军用运输机安排人员撤离。加拿大外交部说，其使馆人员正在返加途中。英国、丹麦、西班牙等多个欧洲国家政府也纷纷宣布本国使馆人员撤离。

美国政府阿富汗和解事务特别代表扎尔梅·哈利勒扎德在卡塔尔首都多哈跟塔利班领导人会谈时，曾要求塔利班在美方人员完全撤出后再进入喀布尔，事后看来，塔利班根本没有搭理美方的这个要求。

中国使馆一直坚守，俄罗斯大使馆官员表示，俄罗斯大使馆没有受到威胁，不需要人员疏散。

自2001年被赶下台之后，塔利班主要在阿富汗南部尤其是在农村地区活动。很多喀布尔市民陷入恐慌，原因就在于谁也不知道塔利班和第一次执政时比，有没有发生根本性的变化。

1996年至2001年塔利班第一次执政时期，实施了极端保守的社会政策，例如剥夺妇女工作和受教育权，禁止一切娱乐活动，包括禁止看电视、听音乐等。

如今，喀布尔市民非常担心塔利班进城后会重拾第一次执政时的保守政策。尤其在政府部门工作的公务员、军事人员和为外国机构工作的阿富汗雇员都非常担心，传言说塔利班会对他们采取报复措施。惴惴不安的他们不知道等待自己的未来是什么。

8月15日这一天的发稿任务也非常繁重，我从15日上午到16日凌晨4点工作不停，感觉大脑都要崩溃了。

第二十三章
塔利班派发"定心丸"

15日晚,塔利班初进喀布尔,尚未完全掌控局面;而前政府的军警都已撤离,喀布尔处于"真空"状态,很多势力开始浑水摸鱼,社会治安出现混乱。分社的法里德跟我说:"我居住的街区出现了入室抢劫,现在非常危险,我要去父母家里躲躲,不过,我会带着电脑,我会继续写稿,会继续告诉你最新的情况。"另一位同事奥米德也说:"我邻居家被持枪歹徒洗劫一空,我把电脑等设备藏了起来,没办法,我只能暂时中断工作。"

两人的遭遇是喀布尔当晚局势的缩影,我叮嘱二人一定注意安全。当晚可听到零星的枪声,街头还出现了许多不明身份的武装分子,不仅抢劫私人财产和车辆,也抢劫政府财产;还有些武装分子冒充塔利班劫掠。

抢劫和枪声一直持续到16日早上。16日中午,枪声停止了,抢劫基本被制止了。从16日起,可以明显看出塔利班在努力恢复城市秩序。最直观表现就是,16日一早,很多手持武器的塔利班武装人员乘坐皮卡出现在大街上,也有一些持枪的塔利班武装人员在街上步行巡查。他们全面接手城市治安,塔利班警告说,对任何犯罪行为都会严厉打击。

原本街上身着制服的政府军安保人员，一夜之间无影无踪，仿佛点点细雨迅速落入江河消失不见。他们应当是担心被塔利班报复，因此放弃职责，将所有武器丢弃在值守的岗哨，车辆也丢弃在路旁。这些车辆也都在15日和16日被当地人洗劫一空。

塔利班武装人员身着传统服装，留着大胡子，缠着头巾，他们一般手持突击步枪，表情严肃。绝大部分市民在面对他们时心怀恐惧。毕竟上次塔利班统治喀布尔已经是20年前的事儿了，很多人都是第一次见到塔利班武装人员。

自美军开始撤离、塔利班加紧进攻加尼政府后，阿富汗的社交媒体充斥着大量反塔利班的内容，包括塔利班毁掉女子学校、砸毁电视机和卫星天线、屠杀音乐艺人、在战斗中炸毁桥梁、枪决投降的政府官员和士兵等等。这些内容真假难辨，肯定是宣传战的一部分，但毫无疑问加深了塔利班在喀布尔民众心中的负面形象，催生了他们内心的恐惧。

塔利班也并非大字不识、只懂得打仗的大老粗。基层武装人员中有人确实是文盲，但也有些人受过良好的教育，日后我还接触过能够讲一口流利英语的塔利班高层官员。而且塔利班非常善于运用社交媒体，经常在社交媒体发布新闻，包括图片和视频。在同加尼政府作战的同时，塔利班发布了大量同投

◎ 塔利班武装人员在检查过往车辆

降的政府军握手拥抱的视频,在有的视频中,塔利班还给一些政府军士兵发放路费,供他们回家;有些视频还展示了一些民众欢迎塔利班进入自己城市的场面。这是塔利班向外界展示友好姿态,希望改变民众对塔利班的印象,尽快接受塔利班的统治。

我想,塔利班在进入喀布尔后,也应该感到非常陌生,毕竟很多塔利班武装人员常年在农村地区打仗,并没有在城市中生活过,来到大城市的他们,对这里的一切应该都感到新奇。他们应该也会努力去适应城市生活,考虑如何对待城市居民,考虑战争停止后如何管理城市。

不过随着时间的推移,喀布尔街头逐步恢复了往日的生机,开业的店铺和市场越来越多。社区的水果店、小超市基本都恢复了营业状态,人气也越来越旺。餐厅也在逐步营业,就餐的顾客人数也在回潮,甚至有些还接待了前来就餐的塔利班武装人员。

在喀布尔,馕是最重要的主食,很多穷人基本是靠馕来充饥,打馕的店铺这几日一直在营业。在市场上,一些生活必需品的价格基本合理,但汽油、柴油和天然气的价格却在大幅上涨。市民穆赫塔尔·哈亚特无奈地说,15日以来的这几天,"1升液化气卖100阿富汗尼(约合人民币7.5元),10天前的价格是60阿富汗尼(约合人民币4.5元)。此外,汽油价

◎ 喀布尔街头执勤的塔利班武装人员

格也在涨"。

"塔利班进城这个星期以来，我的收入减少了。"汽车修理工穆罕默德·侯赛因说。15日之前，侯赛因每天的收入有1500—2000阿富汗尼（约合人民币113至150元），现在每天只有500—1000阿富汗尼（约合人民币37.7至75元）。他算技术人员，收入远超一般阿富汗民众。

17日，塔利班召开了进入喀布尔后的首场记者会，发言人穆贾希德表示，塔利班计划组建一个包容性政府，并承诺对阿富汗政府全体工作人员和安全部队成员实行大赦，不会对任何人进行报复。

穆贾希德指出，塔利班目前已完全控制喀布尔的局势，法律和秩序已得到恢复，呼吁政府全体工作人员尽快返回工作岗位。他还说，人民的生命财产都是安全的，塔利班人员未经允许不会进入任何居民的家中，任何人的生命、财产和荣誉都不能受到侵害。妇女是社会的重要组成部分，可以工作和学习，并享有伊斯兰教原则范围内的所有权利。

15日开始，主要电视媒体一直在正常运转，但是当地的著名媒体、私营的黎明电视台15、16日两天，女主播从电视屏幕上消失，到了17日又在屏幕上出现。而阿富汗国家电视台的主播则换成了戴头巾、留大胡子、穿长袍的男子。

最初几天，街上很少见到女性的身影。很多人对于塔利班的女性政策不放心，50多岁的穆罕默德·阿雷夫说，自己的女儿是一所私立大学法学院的学生，但这两天没有让她去上课。

不过，人们的恐慌情绪也得以缓解。喀布尔市民法里德表示:"人们对塔利班的看法正在逐渐发生变化,起初很多人非常恐惧,但是这几天社会秩序逐渐恢复,塔利班也在打击抢劫等犯罪行为,这几天也没有发生恐怖袭击等恶性事件。社会治安情况在好转。塔利班武装人员并没有像之前想象的那样烧杀抢掠。不过,我们还要继续观望,希望局势能变得越来越好。"

尽管社会秩序在逐步恢复,但是街上还是出现了一些微妙变化。2001年塔利班被推翻后,经过20年的洗礼,喀布尔已经大大世俗化,穿牛仔裤和西装的年轻人很多。现在年轻人都换上了传统的长衫,不再穿西装和牛仔裤。原来很多餐厅会播放很大声的音乐来吸引顾客,现在也都不再播音乐了。电视台也是一样,这几天不再播放音乐节目。其实,塔利班进入喀布尔后并未发布着装规范,也没有限制听音乐,这些都是市民出于对塔利班的担忧而自发采取的行为。

第二十四章
追风筝的人变成了追飞机的人

阿富汗题材小说《追风筝的人》流传甚广，还被拍成了电影，人们从中了解到阿富汗儿童经常玩儿追风筝游戏。而8月16日一则广为流传的视频震惊了世界：人们不再追逐轻盈飞舞的风筝，而是争先恐后追逐起了庞大的钢铁巨鸟。

在喀布尔国际机场内，一架美国运输机在跑道上缓缓滑行，成百上千名阿富汗民众簇拥着这架飞机，随着飞机的滑行而奔跑，还有一些人蹲在飞机的主起落架舱上。

镜头一转：飞机起飞，有4人从半空中的飞机上坠落。

拼命想登上飞机

15日"变天"以来，最混乱的地方就是喀布尔国际机场。出于对塔利班统治的担忧，大量民众冲进喀布尔机场，这些人中既有为外国机构服务的本地雇员，还有大量连护照和签证都没有的当地人。

还有部分人是听信了社交媒体上的传言而赶过来的。分社的拉赫马特跟我说："有传言说，不管有没有护照和签证，只要能进机场,某些国家的撤侨军机就会将人们带离阿富汗。"

"如此荒谬的话,会有人相信吗?"

他说:"很多人都信,好多人从外省想方设法赶到喀布尔机场,以为可以离开。不过,也有一部分人纯属是来碰运气的。很多人早就想离开阿富汗去西方国家了,但是一直没有机会。他们现在觉得这是去西方国家的机会,所以一定要碰碰运气,万一能走成呢?"

塔利班和美国达成了协议:在美军撤离完成之前,不会接管喀布尔机场,机场仍旧由美军方面掌控。不仅如此,塔利班甚至还在机场外面维持秩序。

16日上午,又有大量民众涌入喀布尔国际机场,他们冲向停机坪和跑道,攀爬舷梯,拼命想登上飞机。为了驱散人群,美军开枪射击,打死数人。

为了劝阻源源不断聚集在机场门口的阿富汗民众,机场16日发表声明,说所有民用航班都已取消,请不要再前往机场。美军16日在机场内清场后,重新恢复了撤侨行动。但

◎ 塔利班进入喀布尔后,美国及其盟友出动军机撤离相关人员

是随后的几天依然有大量民众涌在机场大门外。连续几天试图进入机场的市民阿里扎达说:"塔利班这几天一直在机场外维持秩序,有护照、签证等合法文件的人才能进入机场,其他人一律不得入内。"

不光机场门口挤满了人,机场周围尘土飞扬的小径上也挤满了人。他们昼夜守在机场外,生怕错过了进入机场的机会。一位身穿波尔卡(一种覆盖全身的罩袍)的阿富汗妇女,带着四个孩子,随着拥挤的人群坐在机场附近的小路上,她说:"我没有护照,我不知道未来,但我要离开这里,我只有离开阿富汗才能逃离战争。"市民穆罕穆德·纳瓦兹说:"美国当年借口反恐对阿富汗发动战争,20年过去了,也没有给阿富汗带来和平。如果美国真有诚意结束战争,实现和平,我们就不会在机场看到这种混乱的局面。"

他的梦想随风飘散

纳瓦兹的儿子曾在巴格拉姆空军基地与美军一起工作。"美国已经承诺将我儿子和他的家人从阿富汗带到美国的安全地方,但还没有兑现承诺。"他有点担忧。

自美军仓促撤离以来,这些普通民众的命运就被政治局势发展所裹挟,挤在机场门口的民众,绝大部分没有得偿所愿。17岁的中学生穆罕默德·扎基,虽然侥幸进入机场,却永远没有机会离开阿富汗了。

16日,有4人从美国运输机上坠落,其中就包括扎基。

扎基和家人租住在喀布尔的一处房子里,我们探访了他的家人，他的哥哥哈吉·朱克里亚愤怒地表示："他是飞行员，又不是三轮车司机。正是他的傲慢，导致包括我弟弟在内的多人死亡。"朱克里亚口中的他，指的是美国运输机飞行员。

房间里摆着扎基生前的照片，朱克里亚指责美国飞行员不负责地起飞造成他弟弟的悲剧，并呼吁对美国飞行员的犯罪行为展开调查，还受害者家属一个公道。

朱克里亚说，扎基17岁，是12年级的学生，足球踢得很好，他的梦想是成为国家足球队的一员，但是他的梦想在他从那架美国运输机上坠落时也随之被埋葬。他一边抹泪，一边说："他的死是美国飞行员一手造成的。"他气愤地说，如此不负责地撤离，过程中有大量民众死亡，"美国必须为这些悲剧负责"。

在朱克里亚接受采访时，他80岁的父亲在一旁，一言不发，不时拿手帕抹眼泪。朱克里亚说这些日子父亲一蹶不振，失去了对生活的兴趣，连话都不愿意说。

朱克里亚在喀布尔开了一家杂货铺养家糊口，弟弟出事后，他也无心再打理杂货铺。

第二十五章
塔利班何以速胜

塔利班2021年8月15日入主喀布尔也波及了分社所在的维齐尔阿克巴·汗区。塔利班进城的消息传来当天，这个区每个巷子口的警察都不见了。分社隔壁是一家美国诊所，在塔利班进城前就已经撤离阿富汗。

分社附近以西方机构为主的外国机构也在纷纷撤离，很多富人这两天也都搬走了，不知去向。家家户户门口的持枪保安也都不见了。原本繁华的街区，人去楼空，平日里来来往往的汽车也销声匿迹了。

17日一早，分社摄影报道员拉赫马特和保安古尔来上班，发现门口站着四名手持自动步枪的塔利班武装人员，包着头巾，蓄有大胡子，身着迷彩服外套，里面穿的是阿富汗男性的传统长衫，没有一个人戴口罩。塔利班武装人员要求打开分社大门，他们要进入检查。

进门后，塔利班武装人员枪不离手地开始巡查，在办公室四处转了转，看了每个人的工位。并问，"你们是什么部门？是不是前政府的机构？"

分社报道员解释说，这是中国的新闻机构新华社。他们困惑地说："新华？"拉赫马特向他们展示了阿富汗政府颁发的外国新闻媒体运营许可证。其中一名武装分子会点儿简单的英语，拉赫马特向他展示了新华社发的英文图片和文字报道，解释了一下新华社具体是做什么的。

在办公室巡查一圈后，他们坐在沙发上继续了解情况。即使坐在沙发上，他们依然枪不离手，还有一名武装分子讨要水喝，保安古尔赶紧给他们拿来了水。

他们说以后可能还会再来检查，并说："你们不需要担心安全问题，像以前一样正常上班就行。"

拉赫马特和古尔事后说，整个过程中其实还是挺紧张的，他们每个人都全副武装，时刻拿着枪，甚至枪口还会指向你。

虽然在喀布尔大街小巷见惯了持枪军警和安保人员，但是分社办公室一下子进来四个持枪武装人员，而且是从没有打过交道的塔利班，内心怎能不打鼓？

其实，雇员的忐忑心情跟喀布尔市民的心态差不多。喀布尔的局势在塔利班入城后逐步恢复平稳，但是处于新旧政权过渡的交替期，形势如何发展，都是未知数。

社会秩序在逐步恢复，在市区重要的地点，大量手持武

◎ 塔利班武装人员来分社检查

器的塔利班武装人员或乘车,或步行,在街上巡查,维护治安。他们警告说,对任何犯罪行为都会严厉打击。喀布尔市区倒是没有再出现塔利班进城前频发的爆炸袭击,不过有些地区偶尔有枪声传出。19日晚,分社附近就传来一阵枪声,也不知道是什么人开枪。

尽管塔利班已经多次敦促政府雇员去上班,但政府机构从15日起就没有正常上班,银行也一直大门紧闭,分社附近的超市仍未正常营业。不过,很多社区内的小商店和市场是正常营业的,顾客也日渐增多,街上的车流也在逐渐恢复。喀布尔的基本生活物资供应可以满足需求,但是没有完全恢复到常态。喀布尔每天都会长时间停电,分社有一台柴油发电机,柴油快用完了,卖柴油的商店却一直没开业。

从攻占第一个省会城市算起,塔利班仅花了10天便入主喀布尔,以如此速度夺取政权,不仅加尼政府、美国政府没有预料到,连塔利班自己也深感意外。塔利班分管政治事务的领导人阿卜杜勒・加尼・巴拉达尔8月15日晚表示,塔利班近期取得的胜利超出预料,下一步面临的是确保安全和给国民带来福祉的考验。

塔利班没有公布过自己的武装人员数量,外界估计约为8万人,而加尼政府的军队号称有35万人,为何却在美军开始撤军三个多月后一败涂地?

塔利班自2001年被美国赶下台后,20年来深耕农村,基本盘稳固,他们在统治区向村民提供基本公共服务,治安良好,奉行伊斯兰教法,执法较为高效,官员相对清廉。

阿富汗是一个城乡二元结构的国家,城市和农村之间差异巨大,无论是在经济状况、教育水平方面,还是在人们的思想观念、生活方式等方面,都是如此。思想传统、保守的农村民众对塔利班的执政理念更加认同,而阿富汗政府的统治力很难影响到这些农村地区,且阿政府腐败、低效,也无法赢得民心。反观塔利班,能够向农村民众提供治安等基本公共服务,甚至努力改善这些地区的经济状况,从而不断增强在农村民众中的凝聚力。尤其是在阿富汗南部,普什图人聚居区普遍支持塔利班,他们视美国人为侵略者,将阿政府视为美国人扶植的傀儡。

正如塔利班指挥官警告美国人的那样:"你们掌控着时钟,而我们掌控着时间。"他们在农村地区稳扎稳打,非常有耐心与政府军以及外国军队斗争。

塔利班在军事行动中采取了正确的配合策略。在不掌握电视台、报纸等官方媒体的情况下,塔利班灵活运用社交媒体,向阿富汗军民宣传其"大赦"等政策,树立其优待政府军俘虏和善待占领区民众的形象,并公布了一些约束基层战斗人员的政策。塔利班还通过和政府军谈判甚至收买等方式,瓦解政府军的战斗意志,促使他们投降。以塔利班发言人穆贾希德为首的一批塔利班喉舌在社交媒体上非常活跃,每天都会发布包括战况在内的信息。不光是文字信息,有时还会配发相关视频。

◎ 喀布尔街头的防爆墙

阿富汗政府是美国扶植起来的政府，腐败较为严重，缺乏权威性和群众基础。政府70%的开支来自美国援助，有效统治范围仅限于大城市，在提供公共服务、发展经济方面乏善可陈，经济发展过度依赖外援，缺乏内生动力。

自从近代建国以来，阿富汗从来都没有过强大的中央政府，没有中央集权的传统，地方自治力量强大，权力分散。美国在2001年推翻塔利班后，按照美式民主制度，建立起一个形式上中央集权制的政府，脱离了阿富汗的现实。

而且，从美国复制过来的三权分立的政治体制也没有得到民众的拥护。一位阿富汗朋友曾跟我提起阿富汗的议会，他说："很多阿富汗人都认为，议会是没有必要存在的，政府还可以发挥一部分功能，而议会的作用是什么呢？"

我说："议会不是要审批法案，监督政府吗？"

他回答说："那只是理想状态下，但实际上很多议员毫无立场和底线，美国人为了让自己支持的法案通过，都会贿赂议员，这已经不是秘密了。我有一个朋友，做议员之前并不富有，当议员没几年，马上成了富人。他的钱哪儿来的大家心知肚明。"

我说："看来美国人助长了腐败之风？"

他说："即使美国人不助长，情况本来也很糟糕，比如，很多议员往政府里安插自己的亲朋好友，政府如果拒绝他们的要求，他们就不批准政府的财政预算案和人事任命。"

我说："也不是所有议员都这样吧？"

"在相当多的阿富汗人看来，议员群体就是不劳而获的一个阶层，不做任何有意义的事情，是拿高薪的寄生虫。"

说起阿富汗政府的成就，我在喀布尔有非常切身的体会：作为首都和阿富汗最发达的城市,喀布尔缺乏基本的公共服务,基础设施残破。例如,喀布尔没有公共自来水系统、燃气系统、供暖系统,甚至连公交系统也没有;电力匮乏,每天一大半的时间停电,发电机是各个机构的必备之物。

美国用强权、军事手段、大量财力支持才勉强维持阿富汗政府的运转,一旦从阿富汗抽身,政府便成了无源之水、无根之木,崩溃只是时间早晚的问题。

其实,在某种程度上也可以说,不是塔利班太强大,而是阿富汗政府太弱小。

美国人也认为阿富汗政府存在严重的腐败问题。2009年,时任美国国务卿希拉里就曾说过:"腐败是一颗毒瘤,对于我们能否取得最终胜利,它的危害不亚于塔利班或'基地'组织。"

我刚到喀布尔工作不久时,去税务部门办事,遭官员要挟,要求我雇用他的儿子。后来多名阿富汗朋友都跟我讲起,去政府办事经常遭遇官员索贿,而且就在办公室收取贿赂,丝毫都不避讳。塔利班执政之后,有一次我去喀布尔市内卖肉的"屠夫街"采访,卖牛羊肉的店主告诉我,前政府时期,工作人员经常勒索他们,如果不给他们贿赂,他们就威胁利用手中的权力关闭店铺。店主们敢怒而不敢言,只能乖乖给钱。塔利班上台之后,这种现象反而消失了。不过,塔利班初尝胜利果实,比较清廉,不知道未来会不会重蹈前政府的覆辙。

还有阿富汗朋友跟我说,在前政府时期,卖官鬻爵现象盛行,自己如果有足够多的钱,甚至可以买到省长当。

美国人有没有想办法解决阿富汗政府存在的这一严重问题呢?不仅没有,美国的金钱政治反而在某种程度上造成了阿富汗政府的腐败问题。

美国记者克雷格·惠特洛克在《阿富汗文件》一书中指出："为换取忠诚和情报，美国中央情报局向阿富汗军阀、省长、议员甚至宗教领袖提供资金。美国政府向支持华盛顿在人权、妇女权利等问题上的立场的代表们提供了钱款，大家认为，如果投票支持美国立场，不拿钱的话，就太愚蠢了。"所以不难理解，美国人为什么对阿富汗的贪腐问题视而不见，"因为那些政治家、军阀、毒枭和国防部承包商是美国的盟友"。

此外，号称拥有35万兵力的阿富汗政府军，虽然是美国以自己的军队为模板训练出来的，但是这支军队的实际战斗力远没有美国政府和加尼政府宣传的那么强大。《阿富汗文件》一书披露，大量招募来的阿富汗新兵无法通过考试，连射击考试都无法通过，但也不会被踢出军队。很多阿富汗士兵对美国作战顾问表示，自己是冲着薪水来参军的，美军从阿富汗撤离后，自己会离开政府军，很多人表示会回老家种鸦片。

军队中也存在腐败问题。哈利姆的朋友在政府军当兵，我曾向他了解情况，他说军队存在严重的腐败问题，包括长官克扣工资，向上虚报士兵数量吃空饷。

多年来在与塔利班的作战行动中，阿富汗政府军过度依赖美军提供的空中支援、后勤补给和情报。当美军宣布撤离后，阿富汗政府官员和政府军的作战意志迅速瓦解。因此，塔利班在攻占大量省会时，根本未遭遇任何实质性抵抗，政府军直接溃逃或投降，将大量美式武器装备留给塔利班。

加尼执政期间采取的一些措施，长远来看是有利于国家发展的，但短期内却产生了有利于塔利班的效果。比如削弱地方军阀的势力,尤其是北方军阀的势力。加尼强势解除了塔吉克族军阀阿塔·努尔的巴尔赫省省长职务——努尔被一些外媒称为"地区强人",是阿富汗最早呼吁组建民兵武装的军阀之一。加尼还试图以强奸罪逮捕前第一副总统、实力强劲的乌兹别克族军阀杜斯塔姆,导致杜斯塔姆被迫长期流亡土耳其。这些举措的确削弱了地方军阀的实力,但客观上也丧失了抵抗塔利班的盟友,以致塔利班发起大规模进攻时,无力抵抗。

2001年美国将塔利班赶下台时,阿富汗民众人心思定,渴望社会稳定和经济发展,很多人对美国人的到来寄予厚望,希望美国能够帮助阿富汗重建。

一位阿富汗朋友告诉我,美国人的到来确实给当时的阿富汗社会带来了新气象:在塔利班第一次执政时期被剥夺受教育权的女童开始走进校园,女性则走出家门、外出工作;看电视、听音乐、踢足球等不再是禁忌,各种文娱活动开始重返人们的生活;大批国际机构以及援助资金涌入阿富汗尤其是喀布尔等大城市,给很多人带来了工作机会,喀布尔兴起了建设热潮;媒体也开始蓬勃发展,很多电视台、报社、电台逐步兴起,言论更加多元化,大城市的民众视野更加开阔;国际机构员工大量

◎ 位于喀布尔老城区的市场

来到喀布尔，咖啡馆、健身房等新生事物出现，喀布尔民众体会到了不同的生活方式。

但是美国人后来的表现让这部分阿富汗人非常失望。他们逐渐发现，美国人根本不在意阿富汗人民的福祉，只关心自己的安全利益，阿富汗不过是美国对外战略中的一颗棋子，用得不顺手时随时可能被抛弃。

美国政府和军方对阿富汗的文化传统、社会风俗和民族特性、权力结构都不甚了了，虽然驻军达20年，但似乎无意深入了解阿富汗社会，只是按照自己的方式行事。

发动阿富汗战争的美国总统小布什曾表示，帮助阿富汗人民建立"一个自由社会"符合美国战略利益。为了证明其战争政策的正确性，他多次宣扬在阿富汗推行美式民主的成功故事。但是，现实并非如其所言，不顾阿富汗历史、传统和国情，强行在阿富汗移植美式民主的举动，遭遇水土不服。美国占领期间，阿富汗共举行了四次总统选举，其中三次存在争议，不仅投票率不高，还存在严重舞弊问题，甚至在第四次大选后出现了"双总统"争权的局面。政府派系斗争严重，权威性不足，政令不出喀布尔，总统被民间戏称为"喀布尔市市长"。各政党在选举中煽动民族情绪，选民在选举中也以民族为标准投票，西式选举政治加剧了民族矛盾。不止一位阿富汗朋友对我说，很多阿富汗人都没有国家观念，而民族观念根深蒂固，糟糕的选举制度加剧了这一问题。

出兵阿富汗，美国打出的旗号是反恐，但是驻军20年，不仅没有取得反恐成就，反倒是越反越恐，阿富汗安全形势也不断恶化，到了美国撤军前几个月，每天都有人死于各类袭击事件，每天都有人早上出门，晚上再也回不了家。军警、官员、记者、教师、医生、农民、工人、司机、学生……都是受害者。即使美军的飞艇全天候在空中监视，阿富汗政府的直升机每隔几分钟就从空中盘旋而过，也无法阻止各类袭击发生。

更加糟糕的是，美军的傲慢在军事行动时体现得淋漓尽致。在打击"基地"组织等恐怖组织时，一家十几口人死于美国军事行动的现象并不鲜见，在农村地区更是如此。但是美军对于此类"误炸""误伤"很少道歉，也很少赔偿。美军这种草菅人命的现象在阿富汗惹得天怒人怨，也因此，在很多阿富汗人眼中，美国从"朋友"变成了傲慢的"侵略者"，而美国扶植的政府也被很多阿富汗人视为傀儡。

我采访过的多位美军军事行动受害者的家属，他们都有数名甚至十多名家庭成员死于美军空袭，但是美军既没有道歉，更没有赔偿。他们极度愤慨，却又求告无门，非常无奈。例如，阿富汗南部赫尔曼德省桑金地区的阿卜杜勒·加尼曾告诉我："2017年2月9日，美国在一次军事行动中杀害了我的6位家人，毁掉了我们的房子，所有家当和牲畜一瞬间化为乌有。"加尼和孩子们只能居住在废墟中，但是美军不仅没有道歉，也没有给予任何赔偿。一贫如洗的加尼根本无力重建家园，正常生活更是遥不可及。阿富汗政府也无力解决，同样引发了民众的不满。

在美军撤离阿富汗之后，我有一次在喀布尔街头采访，正拍摄视频，恰好身边有两名捡垃圾的阿富汗少年在打闹，影响了我的工作，我跟他们商量，能不能小声一点或者稍微远一点，结果他俩边走边愤愤不平地冲我大叫："美军已经被我们赶走了，美国人在阿富汗作威作福的日子也结束了，你这个外国人有什么资格管我们？"还愤怒地用脏话骂我。我真是哭笑不得。我说话是商量的语气，并非态度粗暴。有些阿富汗民众对外国人没有特别明确的概念，美国人、中国人或其他国家的人在他们看来都是外国人，并不区分，甚至认为所有外国人都是美国人。无论如何，这两个少年的话在一定程度上代表了美国人在阿富汗民众心目中的形象。

而在美国一步步丧失民心的过程中，塔利班则举起反抗外来侵略的大旗，在农村地区不断积累凝聚力和战斗力，获得了足够的支持。

美国在整个阿富汗战争期间花费超过2万亿美元，但是大部分资金用于战争，用于经济重建的资金有限，即使是在首都喀布尔，也看不到太多重建成果。我从喀布尔去往外省的路上，看到多处路段路面破损严重，缺乏维修养护。农村地区则非常落后，靠天吃饭是常态，大量农民收成不足，食不果腹。

20年间，阿富汗并没有建成独立自主的经济体系，而是形成了一种非常畸形的"驻军经济"，经济活动围绕美国及其盟友的驻军进行，根源在于美国对阿经济重建模式有问题。美国对阿富汗的经济援助大部分都与军事活动密切相关，这种重建和援助并不是建立在阿富汗人民需求的基础上，而是为了便于美军的活动。这导致美国的重建资金没有真正用在阿富汗，没有让阿富汗人民获益。据《纽约时报》报道，美国在2002—2021年向阿富汗提供的重建援助中，只有大约12%真正落到阿富汗政府手里，其余大部分资金都流进了美国公司的腰包。

相比阿富汗人民，美国国防承包商才是阿富汗战争的真正获益者，大量的美国军事承包商及其背后的利益集团，赚到了真金白银，成为"大赢家"。阿富汗重建工作特别监察长办公室2021年初发布的一份调查报告显示，在监察人员审计的78亿美元重建工程款中，只有约15%用于计划中的道路、医院、桥梁和工厂修建项目，至少24亿美元花在采购军用飞机、修建警察办公场所等项目上，其中一些项目最终被放弃。

塔利班执政后，我跟阿富汗临时政府的官员以及一些民众都交流过这个问题。一位阿富汗临时政府难民事务部的官员非常明确地对我说："赶走美国人之后，我来到了喀布尔，这也是我第一次到喀布尔来。喀布尔作为首都当然是一个很好的城市，但是没有我想象中的那么好。美国人宣称在阿富汗建设了20年，为什么喀布尔还是有很多落后的地方？我们都认为，美国提供的重建资金在阿富汗转了一圈后，最终还是回到了美国公司和美国人手中。当然，前政府很多官员肯定也贪污了一部分。"

我问他："那你如何评价美国在阿富汗期间的建设情况？"

他说："美国侵略了阿富汗20年，不仅没有促进阿富汗经济增长，反而严重拖累了阿富汗经济发展，无疑，是战争导致阿富汗基础设施残破、工业落后、经济凋敝。"

拜登政府急于把阿富汗当作"包袱"甩掉，仓促撤军严重挫伤了阿富汗政府的执政信心，客观上有利于塔利班迅速壮大，但是拜登并非这种政策的始作俑者，他只是延续了特朗普的政策。

特朗普政府不顾阿富汗政府的反对，和塔利班单独媾和，还向阿富汗政府施压，要求加尼政府和塔利班谈判，释放5000名塔利班在押人员。

2021年3月，拜登政府要求阿富汗组建过渡政府，以取代阿富汗现政府，美国因急于从阿富汗脱身，逼迫阿富汗政府加速和谈。

美国的这些政策将阿富汗政府边缘化，严重损毁了阿富汗政府本就脆弱的威信，反倒给塔利班发出了美国不愿继续在阿富汗政府身上加大投入和支持力度的信号。

加尼政府的国民军司令萨米·萨达特将军就哀叹阿富汗政府军是被"政治和美国总统出卖了"。他指出，在拜登宣布撤军日期后，西方的承包商就开始逃离阿富汗，当阿军的空中支援枯竭、弹药耗尽时，就失去了对塔利班的优势。

在诸多因素叠加之下，塔利班以摧枯拉朽之势迅速推翻了阿富汗政府，而加尼这位在美国生活过多年、研究失败国家重建的专家也在经历了自己人生最大的失败后，仓皇逃离自己曾誓言战斗到底的祖国。

第二十六章
喜悦的塔利班

美国驻阿富汗大使馆坐落在喀布尔地标建筑马苏德广场旁边，塔利班进城后，使馆大门两侧的墙上分别被涂刷上了硕大的塔利班旗帜和徽标图案。

大使馆大门口停着一辆塔利班的皮卡，车斗里坐着几名持枪的塔利班武装人员，他们旁边的小商贩在兜售塔利班的旗帜。

看到我们架起摄像机采访，几名塔利班武装人员过来问："你们是哪儿的媒体？"

"我们是新华社的，中国的国家通讯社。"

"中国的？"

"对，中国最有影响力的媒体之一。"

"你们在采访什么？"

"向市民了解，美国人撤走后他们的生活有什么变化，他们的一些感受。"

"你们可以继续采访，不过，能先给我们几个人拍个合影吗？"

"当然没问题了。"

"把美国使馆照进去。"

这些武装人员应该都是从外地来到喀布尔的，我想，他们或许要把以美国使馆为背景的照片给亲朋好友看。

看他们态度还可以,我试着和他们聊了几句。我问他们,来到喀布尔后跟之前的生活相比,有什么差别。其中一人倒也坦诚,他说:"最大的差别就是不再打仗了,我原来生活在南部农村,一直在打仗,没有其他事需要操心,生活很简单。现在不一样了,到喀布尔之后,给我分配了办公室,我需要去办公室办公,我之前从来没有做过,还不是特别适应。""祝你早日适应在喀布尔的生活。"我笑着回答他。

喀布尔的夜晚,路上少有行人,车辆也不多,周遭山上的万家灯火点点星光一般点缀着宁静的夜晚,这宁静有时会被沉闷的爆炸声和枪击声打破。

2021年8月31日凌晨1点左右,喀布尔全城响起的枪声远比平时更密集,持续的时间也远超平时。

"阿富汗塔利班武装人员朝天鸣枪把我吵醒了,我这才知道美军撤离了,塔利班在庆祝。"货币兑换商纳吉布拉31日说。

8月30日23时59分,一架美军C-17运输机载着最后一批美国军人从喀布尔国际机场起飞,消失在夜幕中。美国历史上最漫长、长达20年的阿富汗战争,随之结束。阿

◎ 塔利班武装人员展示战争中损毁的美军车辆

富汗塔利班发言人扎比乌拉·穆贾希德随后在社交媒体上发文："最后一名美国占领者从喀布尔机场撤离，我们的国家获得了完全的独立和自由。"

美军撤离后，塔利班武装人员朝天鸣枪庆祝，响彻喀布尔的枪声持续了大约一个小时。在无法掩饰内心狂喜的塔利班看来，正是自己20年的艰难斗争，才把美国侵略者赶走，实现了国家独立。

从8月15日至31日的半个月来，美国在喀布尔机场的撤离行动混乱不堪，逃难的人群在跑道上追逐飞机和攀附在飞机上的阿富汗人坠亡的画面令世界震惊。德国总统施泰因迈尔说，"喀布尔机场的绝望场面对西方政界来说是个耻辱"，阿富汗局势是"人间悲剧"。

美军撤离后，塔利班立即部署了特种部队，完全接管了机场，大门口再也不见之前混乱拥挤的人群。美军撤走之前，还破坏了机场内的一些设施，毁掉了机场内留下的直升机。塔利班虽已接管机场，但没有技术能力维持机场的运营，机场只能关闭。想离开阿富汗的人，只能想办法走陆路先去周边邻国。

大部分政府机构依然大门

◎ 塔利班执政后在美国驻阿富汗大使馆外墙上涂刷了巨大的标语

紧闭。除了办事不方便外，最让民众头疼的是只有少数银行开门营业，而且塔利班规定，每人每周只能从自己的银行账户提取200美元。这几天，每个营业的银行门口都排起了长队。货币兑换商纳吉布拉对阿富汗尼汇率的快速波动备感焦虑。他感慨说："食品和石油天然气价格在上涨，民众都在担心货币贬值。阿富汗尼兑美元的汇率波动很大，我损失很大。"

瓦希德经营着一家生产阿富汗传统布料的小工厂。"我的大多数客户都是居住在美国和欧洲的阿富汗人。现在阿富汗就像一个'孤岛'，没有人来我的店里买布料。目前学校还没有开学，也不知道孩子们什么时候能去上学。"

尽管形势依然不明朗，但我们采访的部分阿富汗民众依然对未来抱以期待。亚尔·穆罕默德说："美国人走了，我希望塔利班能够尽快组建新政府，兑现他们的承诺，建立一个广泛的包容的政府，结束阿富汗的不确定性。"38岁的家庭主妇鲁娅·塞迪奇也表达了对国家持久和平的希望："我希望庆祝美军撤离的枪声是阿富汗最后的枪声。美军已经离开了阿富汗，阿富汗没有理由再打仗了，我希望国家能迎来真正的和平。"

我不得不说，塞迪奇的希望并没有完全实现。美军撤离后，阿富汗依然爆炸事件频发，枪声依然时常响起，有时甚至出人意料。2022年4月30日夜里11点左右，我正在卧室伏案写稿，外面忽然枪声大作，整个喀布尔枪声此起彼伏。这是自美国完成撤军以来，我第一次听到如此密集且响彻喀布尔的枪声，而且就连隔壁的邻居都在开枪。

为了防止流弹破窗而入，我赶紧从二楼的卧室向地下室走

第二十六章 喜悦的塔利班

去,边走边想:"难道是反塔利班力量打进喀布尔,正在跟塔利班作战?"

我走到一楼,分社的保安苏菲赶忙跟我说:"不必担心,斋月要结束了,明天是开斋节,塔利班朝天鸣枪是在庆祝迎来赶走美国人之后的第一个开斋节,我们的这些塔利班邻居也在开枪,所以特别吵。如果您担心有流弹风险的话,就去地下室待会儿吧。"半个多小时过后,大规模的枪声基本停止,只剩下零星的枪声偶尔响起。

第二十七章
塔利班的前世今生

8月15日塔利班执政后,我每次外出采访必然会在检查站被武装人员例行拦车盘查,也经常看到塔利班乘坐皮卡持枪在街头巡逻。

不少国内朋友好奇地问过我,他们是不是恐怖组织?是不是很可怕?其实,塔利班是个复杂的集合体,我采访过塔利班发言人穆贾希德,还采访过包括部长和省长在内的多名"省部级"干部,也采访过不少基层武装人员;既遇到过主动帮我们把汽车从淤泥里推出的热心塔利班官员,也碰到过态度蛮横干涉采访的塔利班士兵。

那么塔利班到底是一个什么组织呢?

崛起于军阀混战期间

2000年美国大选期间,有人问共和党总统候选人小布什:"你对塔利班有什么看法?"他的回答令人哑然:"这是一支摇滚乐队?"

造化弄人。一年后,已成为总统的小布什下令出兵阿富汗,推翻了塔利班政权,开启了长达20年的阿富汗战争。

"塔利班"是普什图语"学生"的意思,最初是一个伊斯兰学生民兵组织,大部分成员是出身宗教学校的学生,以普什图人为主。他们在宗教学校里主要学习伊斯兰教宗教知识,不过,他们的老师大都学识不高,很多人也并不懂太多。在巴基斯坦和阿富汗交界的普什图人聚居区有数百所宗教学校,免费提供教育和食宿。很多居住在巴基斯坦的阿富汗难民家庭困难,只能选择将孩子送往宗教学校学习。

1979年苏联入侵阿富汗,阿富汗出现了大量抵抗组织,与苏联及其扶植的人民民主党政府作战。1989年苏联从阿富汗撤军后,这些抵抗组织继续与纳吉布拉领导的人民民主党政府作战。1992年4月16日,纳吉布拉弃职躲入联合国驻阿富汗机构,政权倒台,各抵抗组织争夺胜利果实、抢占地盘,发展成为拥兵自重的军阀。

在国际社会的斡旋下,阿富汗各主要派别于1992年4月

◎ 2021年8月15日塔利班执政后,喀布尔国旗山上飘扬的该国最大的国旗变为了塔利班政权的旗帜,阿富汗总统府的国旗也变为了塔利班政权的旗帜

26日达成分权的《白沙瓦协议》，成立了政府，但是各政治派别和大军阀继续争权，大打出手，内战爆发。

1994年参与塔利班创立的阿卜杜勒·萨拉姆·扎伊夫，曾在塔利班第一次执政时担任国防部副部长，他在自述中讲到过1992年内战爆发之后的阿富汗：大大小小的武装头目为了争夺地盘和权力彼此冲突，阿富汗南部的很多城市都成了战场，每条路上都有战壕，路上满是弹痕和死难者遗体；检查站像雨后春笋一样遍布各地，过往的车辆和行人都要交钱才能被放行。

各大军阀互相攻伐之际，成立仅两年的塔利班于1996年9月27日攻入喀布尔，开始执政，令国际社会刮目相看。

创始人奥马尔

普什图人奥马尔1959年出生在阿富汗南部坎大哈省一个名为诺德的小村子，从小家境贫寒。

在20世纪80年代，抵抗组织反抗苏联的运动如火如荼开展时，奥马尔一家迁居乌鲁兹甘省的塔林科特。这是阿富汗最为偏僻难行的地区，苏联军队甚少涉足。

不久后，奥马尔的父亲去世，为了寻找活计，奥马尔来到了坎大哈省梅万德地区的辛格萨尔村。他成了这里的毛拉，还开了一家宗教学校。

1989—1992年，奥马尔加入了抗击纳吉布拉政权的队伍，他在一次战斗中失去了右眼。纳吉布拉政权倒台后，各地军阀混战，很多军阀在自己统治的地盘内横征暴敛，抢占民房和田地，奸淫妇女，坎大哈的军阀也不例外。

第二十七章 塔利班的前世今生

一个流传甚广的故事是：1994年春，奥马尔家乡的一个军阀掳走了两名少女加以强暴，奥马尔召集了30人，带着16支枪，杀死了军阀并解救了受害少女，替天行道。

1994年8月，塔利班正式成立，其中一些骨干参与了当年的反苏抵抗运动，他们都对当年抵抗运动的一些头面人物堕落成为害一方的军阀表示不满，号称致力于改造社会，消除腐败，要在阿富汗建设一个他们理想中纯洁的"伊斯兰"社会。

如奥马尔一样，塔利班的创始人都是生活在乡村、处于社会底层的普什图人，大多没有接受过世俗的教育，知识体系来源于宗教学校。阿卜杜勒·萨拉姆·扎伊夫在自述中称自己参加了在坎大哈一座清真寺内举行的塔利班成立大会，参会人员有四五十人，奥马尔被任命为指挥官，每个人都发誓拥护奥马尔，与腐败和犯罪做斗争。

扎伊夫说，塔利班草创之初，只有少量武器，没有资金，交通工具是两辆摩托车。但是，他们很快就吸引到大批追随者和捐款。"塔利班给当地带来了美好的希望，就像是花朵为最贫瘠的沙漠带来了生机和色彩。"

我相信他此言非虚，事实证明，早就对军阀忍无可忍的当地百姓就像盼来了大救星，纷纷支持塔利班，希望塔利班能够解救自己于水火之中。塔利班也没有让支持者失望，1994年11月，塔利班在两天之内攻占了坎大哈市，肃清了军阀。很多军阀不战而逃，塔利班很快就统一了阿富汗东南部地区。随后民众生活安定，经济也有所改善。扎伊夫说，塔利班所到之处，"养男宠、通奸、抢劫、非法设检查站并随意携带枪支等恶习都不复存在了，人民重新过上了正常生活"。

一般认为,塔利班之所以迅速崛起,离不开巴基斯坦三军情报局的支持。乔纳森·L.李在《阿富汗:冲突与动荡800年》一书中明确指出,在塔利班成立之初,巴基斯坦三军情报局为塔利班提供了大量现金和武器装备。

一统阿富汗

随着塔利班攻占的地盘越来越多,其感召力也越来越大,不少生活在巴基斯坦并在当地宗教学校读书的阿富汗普什图人纷纷回国投奔奥马尔。

1995年1月,塔利班发起代号为"进军喀布尔"的战役,战事进展顺利,很多失去民众支持的军阀望风而逃,塔利班很快就控制了阿富汗40%的土地。

塔利班挥师北上,一路上不断有普什图人加入。1995年8月,塔利班攻城略地,势如破竹,兵临喀布尔城下。此时几大互相攻伐的军阀达成协议,一致对付塔利班,但已经无力扭转战局,经过11个月的争夺,塔利班于1996年9月27日占领喀布尔。

塔利班拿下喀布尔后,国际社会才开始更多关注这支政治武装力量。很快,塔利班当局在阿富汗推行的政策震惊了世界。他们公布了很多极端保守的政策:除了医疗等特殊领域,女性不得工作,女性外出要有男性监护人陪同,关闭女子学校;禁止一切娱乐活动,包括听音乐、看电视和电影,禁止放风筝和体育活动;取消传统的诺鲁孜新年庆祝,因为塔利班认为这个节日不是穆斯林习俗;禁止穿西方服饰,成年男性必须蓄须;实施严刑酷法，偷盗的人会被剁手，犯"通奸罪"的男女会被处以石刑（用乱石活活砸死）。

扎伊夫在自述中称，塔利班1996年控制喀布尔之后开始实施伊斯兰教法：女人不再在政府部门工作，并且全城的男人都开始蓄须。读到这段时，我有一种似曾相识的感觉，如果不看时间，我还以为他讲述的是2021年8月15日塔利班再次进入喀布尔之后的故事——女性公务员也是被禁止重返工作岗位，但是，这一次，塔利班只是说为了保护女性，需要对办公室等设施进行改造。然而，直到我2022年6月从喀布尔离任，女性公务员也没能重返工作岗位，而且塔利班也没有宣布过，她们什么时候可以重返。

关于男性蓄须，也如20年前。分社一名阿富汗员工原本是不蓄须的，每天来上班都把胡子刮得干干净净，但是塔利班上台之后，他开始蓄须。我问他："塔利班公布了必须蓄须的法令吗？"他说："没有，但是我听说，塔利班有时候会在路上拦截并刁难不蓄须的人。我还是小心一点为好。"

持有这种想法的人不少，我去政府机构和银行办事也发现了这一点。前政府时期，很多工作人员都是不留胡子的，还穿着西装，但是塔利班执政后，这些人全都穿上了阿富汗的传统长衫，也都留起了胡子。而且，前来政府办事的阿富汗百姓也是如此。陪同我前去办事的阿富汗同事跟我说："如果你还是西装革履，也不蓄须，政府机构是不允许你进门的。"

我的一位阿富汗朋友跟我讲过："塔利班第一次执政时期实施的政策特别疯狂，喀布尔市民怨声载道。当然，我在1996年塔利班进入喀布尔之前就跑到国外避难去了。"这位朋友对塔利班的态度一直比较负面,不相信塔利班会发生改变,因此在塔利班重返喀布尔不久后,他就再次想办法离开了阿富汗。

不过,这位朋友并没有提到的是,虽然塔利班实施的女性政策在喀布尔引发较大的反弹,但是在农村地区尤其是普什图人部落,这些都是女性生活的日常,她们早已习以为常,大多并不认为有什么问题。

1996年占领喀布尔后,塔利班继续与盘踞北方多个省份的各派互相攻伐,包括乌兹别克军阀和哈扎拉军阀在内的各派军阀与塔利班武装都大规模地残忍处决过对方的武装人员,甚至还有平民。

2001年3月塔利班炸毁了世界文化遗产巴米扬大佛,举世震惊。2001年底,美国推翻塔利班。时光流逝,20年之后,2021年8月,塔利班重返喀布尔,美国败退阿富汗。

扎伊夫在自述中也讲到塔利班第一次执政失败的原因。比如,塔利班的内部斗争:"不同省份之间是独立的,中央和地方长期争斗,争夺权势。"

扎伊夫还讲述了国际社会跟塔利班理念上的分歧,比如,"在伊斯兰世界,被害者的亲人有权找凶手报仇,谋杀案更是如此;根据教法,没有人可以原谅凶手,除非是被害

◎ 作者在喀布尔街头采访塔利班士兵后与其合影

人的亲人。所有人都要在伊斯兰教法前接受审判。"而联合国将复仇形容为残忍的杀戮,这是他不能容忍的。

不论如何,塔利班第一次执政时在国际上是被孤立的,当时仅有巴基斯坦、沙特阿拉伯和阿拉伯联合酋长国同塔利班的政权建立了外交关系。塔利班2021年再次执政后似乎更加孤立,因为迄今为止,没有任何一个国家对塔利班政权予以外交承认。尽管如此,塔利班此次执政显然还是打破了上次局面,因为多国设在喀布尔的大使馆依然在运转,塔利班政权的外交部长也已经出访多国,甚至还去欧洲参加了以阿富汗为主题的国际会议,很多国家也都同塔利班政权保持沟通。

20年间,阿富汗在缓慢发展,塔利班也在"进化",重返喀布尔的他们也与昔日有所不同。当然,他们在有些方面的变化也并没有那么大。

第二十八章
美国为何出兵阿富汗

苏联入侵阿富汗期间，美国为了削弱冷战的老对手苏联，向阿富汗境内的抵抗组织提供援助，其中包括大量FIM-92毒刺导弹。这些抵抗组织由此具备了击落苏军军机的能力。美国军事顾问也参与到战争中：为抵抗组织打击苏联出谋划策，从全世界（主要是伊斯兰国家）招募极端分子，去巴基斯坦和阿富汗受训，然后参与抗苏战争。

来自各地的极端分子在阿富汗和巴基斯坦的训练营里一起学习、受训并上战场。在这些极端分子中，有一个1957年出生于沙特富裕的建筑商家庭的年轻人，他叫本·拉丹。

本·拉丹创立"基地"组织

1980年，本·拉丹首次来到巴基斯坦的白沙瓦，开始为反苏抵抗组织提供大批援助。1982年，本·拉丹索性在白沙瓦定居，并带来大批建筑工人和设备，帮助抵抗组织筑路修房，修建训练营地，美国中央情报局也为此提供了资金。

1989年本·拉丹创立"基地"组织，为几千名极端分子在阿富汗多地修建了活动基地。那段时间是拉丹和美国的蜜月期。苏联败退之后，拉丹以抗苏英雄的身份回到了沙特，却在接下来的科威特战争中和沙特政府闹翻。拉丹痛斥沙特当局背叛了伊斯兰世界，并把美国当成了和苏联一样的入侵者。

为了把美国这个"撒旦"赶出伊斯兰世界，本·拉丹开始了一系列针对美国以及依附美国的"伊斯兰叛徒国家"的恐怖袭击。

1996年5月，本·拉丹带着老婆孩子来到阿富汗的贾拉拉巴德定居，8月发表声明，要向美国发动"圣战"。9月，塔利班攻占喀布尔。转年，本·拉丹一家搬到南部城市坎大哈。

本·拉丹和奥马尔惺惺相惜，互相娶了对方的女儿，通过联姻加强关系。本·拉丹为塔利班提供金钱援助，招募了数千名阿拉伯极端分子参与塔利班的战斗；而塔利班则为本·拉丹提供庇护所。

本·拉丹在阿富汗策划并遥控了多起针对美国的袭击。比如1998年8月，"基地"组织袭击了美国驻肯尼亚及坦桑尼亚使馆，造成220人死亡。此时，不知美国怎么想。正是当年他们自己对于抵抗苏联组织的支持，才催生了"基地"组织。

塔利班政权覆灭

2001年9月11日，纽约的世贸大厦和华盛顿附近的五角大楼遭袭，美国认定是"基地"组织策划了袭击事件。

9月20日，美国向塔利班政府发出了最后通牒，要求他们交出本·拉丹。而塔利班声称本·拉丹是自己的客人，按照阿富汗传统，主人有义务保护客人，不会将客人拱手交给别人。

"9·11"事件发生时，阿卜杜勒·萨拉姆·扎伊夫担任阿富汗驻巴基斯坦大使,他在自述中回忆道,根据自己掌握的情报,美国将会袭击阿富汗并打击塔利班政权,他为此前往坎大哈,面见塔利班最高领导人奥马尔。而奥马尔并不相信他的判断,认为美国不会攻击阿富汗,并表示"已向华盛顿提出了正式的调查请求,美国应该提交无可争议的证据来控告本·拉丹,除非美国有强有力的证据,塔利班不会交出本·拉丹"。

乔纳森·L.李在《阿富汗:冲突与动荡800年》中则是另一种说法,他指出,巴基斯坦三军情报局局长马哈茂德·艾哈迈德在"9·11"事件几天后飞到坎大哈,按艾哈迈德的说法,奥马尔对战争前景感到恐惧,并告知美国大使馆官员,塔利班对于该采取什么样的行动正在深刻反省。

乔纳森·L.李认为,奥马尔不敢将本·拉丹交给美国,因为,与本·拉丹及其麾下的阿拉伯圣战分子交手,奥马尔没有胜算,而且北方联盟还可能会趁机反攻塔利班。

2001年10月7日,美国军方启动了"持久自由行动",以美国为首的联军开始空袭塔利班军事基地和军事设施,在几大军阀组成的北方联盟的配合攻击下,塔利班于11月败退喀布尔,退守大本营坎大哈。

随着美军和北方联盟的继续推进,12月5日,奥马尔骑摩托车突出重围逃离坎大哈。很多塔利班武装人员逃往农村,有些逃向巴基斯坦。本·拉丹一路逃往巴基斯坦。塔利班政权被推翻。

美国发动阿富汗战争时,完全没有预料到战争进展如此顺利,这甚至超出了美国最乐观的军事指挥官的预期。到2002年4月,仅有20名美军士兵在阿富汗阵亡。无论从哪个角度看,美国都取得了巨大的胜利。

2002年4月17日,时任美国总统小布什在演讲中讽刺了英国和苏联在阿富汗遭受的失败:"赢得初步胜利后随之而来的是多年的痛苦挣扎和最终失败。我们不会重蹈覆辙。"

苏联人1979年出兵阿富汗时也很顺利,占领阿富汗后他们很快扶植起一个亲苏联的政府。当年的苏联领导人勃列日涅夫,应该跟小布什一样乐观,但是苏联人很快就会发现,占领是一回事,长期维持自己扶植的政府是另外一回事。

20年间,小布什踏踏实实地见证了美国是如何重蹈覆辙的。

一场遥遥无期的消耗战

尽管塔利班元气大伤,但是领导层依然基本完好,还有大量具备作战经验的武装人员。虽然西方对塔利班有不少妖魔化的描述和报道,但是他们也忽略了塔利班在南部尤其是普什图人中的群众基础。塔利班领导人阿卜杜勒·萨拉姆·扎伊夫表示,阿富汗人,至少是普什图人相信美国人只会屠杀阿富汗人并且撒下仇恨的种子。

美国人也发现了塔利班并非这么容易被摧毁。2002年8月,在坎大哈作战的美军军官罗杰·帕尔多-毛雷尔在给美国国防部的报告中写道:"邻近边境的省份里,你踢开一块石头,坏人就会像蚂蚁、蛇和蝎子一样蜂拥而出。"

塔利班武装人员化整为零,四处出击,他们融入当地民众,而且穿着与民众一样的服装。这令美国人非常头疼,根本无法分辨到底谁是塔利班;也不能简单地认定谁有枪谁就是塔利班,因为经过多年战乱的阿富汗,枪支泛滥,很多平民也持有枪支。后来，塔利班在阿富汗各地尤其是农村地区重新集结，并在2006年之后再次壮大。

2009年，美国总统奥巴马上台后寻求从阿富汗撤军。2011年5月1日，本·拉丹在巴基斯坦阿伯塔巴德的一座院子里被美军击毙。但美军始终无法控制阿富汗农村地区，更无法消灭塔利班，阿富汗战争变成一场遥遥无期的消耗战。

战争中消耗的不仅是大量金钱和军事投入，还有美国人在阿富汗民众中的信誉和形象。美军在阿富汗作战的时间越长，被屠杀的无辜平民就越多，侵犯人权的事件也越来越司空见惯，阿富汗民众对美国人的敌意也就不断加深。

美国逐渐认识到，轰炸机、炸弹、导弹都不能通向和平，即使对手比自己实力弱小，美国也无法将其消灭。2011年6月，奥巴马宣布分阶段从阿富汗撤军。2014年12月，北约联军宣布结束在阿作战任务，向阿安全部队移交防务。

2017年，特朗普就任美国总统。经过十余轮艰苦谈判，2020年2月，美方和塔利班在卡塔尔多哈签署和平协议，双方同意在14个月内撤出全部外国驻阿军队。

2021年4月美国总统拜登宣布，驻阿美军5月1日开始撤离，9月11日前完全撤出；7月又表示，美国在阿军事任务将于8月31日结束。

8月21日，特朗普在亚拉巴马州的卡尔曼举行万人集会时，批评现任总统拜登让美军撤离阿富汗的方式是美国史上"最大的外交政策耻辱"，他说"这不是撤离，这完全就是投降"，而他所指的尊严是指——先让所有人离开，等美国的公民、武器全撤出后，再让美军撤出，然后炸掉整个空军基地。

第二十九章
塔利班神秘领导人阿洪扎达

塔利班创立至今，共产生了三任最高领导人。奥马尔1994年创立塔利班，塔利班2015年7月30日发表声明，确认奥马尔已经死亡，但并未透露其死亡的具体时间和地点，而阿富汗国家安全局2015年7月29日表示，奥马尔已于两年多前在巴基斯坦一家医院死亡。2015年7月31日晚塔利班发表声明说，曼苏尔接任为新领导人。一年后的5月21日，美军在阿富汗和巴基斯坦交界地带对曼苏尔实施了定点清除行动。4天后塔利班发表声明，确认曼苏尔已经死亡，并宣布海巴图拉·阿洪扎达为新任最高领导人。

阿洪扎达或许算得上这个世界上最神秘的领导人了。除了阿富汗伊斯兰新闻社发布过他的一张照片外，迄今没有他在任何公开场合露面的照片，媒体上也没有他的视频。

2021年8月15日塔利班接管阿富汗政权后，塔利班发言人穆贾希德说，阿洪扎达居住在坎大哈省。穆贾希德9月7日在宣布组建临时政府后说，塔利班最高领导人阿洪扎达将以"埃米尔"的身份领导国家。

"埃米尔"是阿拉伯语音译，原意为"掌权者"，现在其意义比较广泛，既可以指国王、酋长、王子、王孙、亲王，又可以指司令、总督等。现在海湾多个国家的国家元首称埃米尔。

塔利班执政迄今，阿洪扎达极少公开活动。2021年10月30日他在坎大哈市一所宗教学校发表了讲话，这是他自2016年出任塔利班最高领导人以来首次公开露面。

这所宗教学校负责人毛拉维·赛义德31日接受了我们的采访，他说阿洪扎达30日上午访问了该校，并对该校学生发表了10分钟讲话。赛义德说，在阿洪扎达访问期间，不允许在场人员拍摄视频和照片，并禁止所有在场人员使用手机。

塔利班高层对于阿洪扎达的这次活动既不证实也不否认，因此也有不少人对他此次活动的真实性表示怀疑。

塔利班此次上台执政之前，除了政治委员会主席巴拉达尔之外，其他重要领导人都没有在媒体公开露过面。但是，随着时间推移，以前从未公开露面的总理穆罕默德·哈桑、国防部长雅各布、内政部长哈卡尼等重要领导人都开始在新闻报道中出现，这也说明了塔利班领导人的理念发生了变化——塔利班1996年至2001年在阿富汗执政期间，其主要领导人均排斥照相机和摄像机，深居简出，不在公共场合和媒体中出现。

阿洪扎达来自阿富汗第一大民族普什图族，1961年出生于坎大哈一个宗教氛围浓厚的传统家庭，在当地宗教学校读书。

1979年苏联入侵阿富汗后，阿洪扎达一家为了躲避战乱，与成千上万的阿富汗普什图族人一样，跨境移居巴基斯坦。他曾与家人一起住在巴基斯坦俾路支省奎达地区，并在那里继续学习伊斯兰教相关知识。

1994年塔利班在坎大哈崛起，阿洪扎达曾作为塔利班武装人员参加作战，1996年塔利班占领喀布尔在阿富汗掌权后，他曾在司法机构内任职，后来晋升为塔利班最高法院成员。

2001年美国出兵阿富汗。塔利班政权被推翻后，阿洪扎达从阿富汗逃到巴基斯坦奎达，后来成为塔利班在巴基斯坦的最高决策机构舒拉（意为"协商会议"）的成员。舒拉是由阿富汗塔利班最高领导层组成的组织。在加入舒拉之前，阿洪扎达曾在奎达一个连接巴基斯坦和阿富汗坎大哈的边境城镇的一座清真寺担任过伊玛目。

阿洪扎达的主要职责是维持塔利班的团结，因为在曼苏尔死后，塔利班因权力斗争而分裂。

阿洪扎达之所以能保持塔利班的凝聚力，一个原因是他的身份优势，他身后有强大的部落势力。阿洪扎达所在的努尔扎伊部落，是组成杜兰尼部落联盟的三大部落之一，在塔利班根基深厚。曼苏尔在任期间，内部发生的叛乱中不少源自该部落，正是阿洪扎达代表曼苏尔与族人进行了斡旋调解。

阿洪扎达非常低调，只在每年伊斯兰教节日里才罕见地发表文字声明。由于他行踪神秘，媒体上时常有关于他死亡的传闻。《印度斯坦时报》曾报道他在2020年巴基斯坦俾路支省的一次爆炸中丧生，2021年阿富汗社交媒体上也流传过他因感染新冠肺炎而去世的消息。

阿洪扎达长期负责宗教与司法审判事务，以精通伊斯兰教知识和伊斯兰教法闻名，平时也专注于宗教研究和伊斯兰教法事务。

他长期在冬季"休战期"向塔利班武装分子及其子女传播宗教知识，是新一代的精神领袖，塔利班中下层成员非常认可他，很多从宗教学校毕业的塔利班武装人员都是阿洪扎达的忠实追随

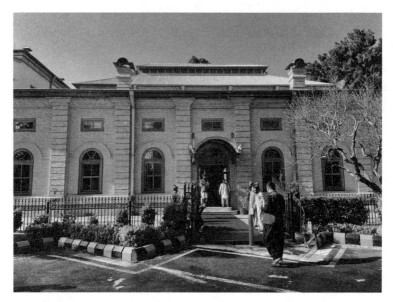

◎ 塔利班官员在阿富汗外交部准备迎接到访的外宾

者,他们将阿洪扎达视为象征教法权威的偶像。

塔利班执政前,在与阿富汗政府的谈判中阿洪扎达一直持强硬立场,注重争取军事胜利。阿富汗媒体报道称,他有个儿子自愿成为自杀式袭击者。

2022年7月1日,阿洪扎达在喀布尔出席了阿富汗大支尔格会议(亦称大国民会议),这是塔利班掌权一年后,他首次出现在喀布尔。当然,这次会议是闭门会议,和以往一样,塔利班并未公布阿洪扎达出席会议的照片和视频。

塔利班上台后,以最高领导人阿洪扎达的名义发布了很多法令,其中有些也引发了国际关注。比如,2021年12月3日,阿洪扎达颁布了一项保护妇女权益特别法令,该法令规定:成年女性有婚姻自由，不得强制女性结婚；不得将女性视为私人财产，不得将女性用作解决争端和消除敌意的物品；寡妇有权决定是否再婚，不得强制寡妇再婚，寡妇应按照份额继承丈夫、子女、父亲等家人的财产。2022年5月20日，阿洪扎达发布法令，指示阿富汗塔利班成员要避免没有必要且奢侈的第二、第三或第四次婚姻。有传言称，有些塔利班成员强迫一些女子嫁给他们，因此，阿洪扎达才颁布了这一法令。我跟分社同事讨论过这个问题，他们都说，知道这个传言，但是无法证实，他们认识的女子中没有人被塔利班成员强娶。

2022年4月3日，塔利班以最高领导人阿洪扎达的名义发布法令，阿富汗全境禁止一切鸦片种植和贸易。这项法令出台，获得国际社会一致支持。

无论如何，带领塔利班建设历经40多年战乱、百废待兴的阿富汗，对阿洪扎达来说，可谓挑战重重：经济形势严峻，资金缺乏，专业人才大量流失；以美国为首的西方国家拒绝放松制裁，继续冻结资产；保守的社会政策、女性政策面临国际社会的批评，政权迟迟不被别国承认；塔利班政权以普什图族为主，被指责缺乏包容性；外界传言塔利班内部仍存在派系斗争；"伊斯兰国"等极端组织在阿富汗依然活跃；等等。

第三十章
撤离之前的"误伤"

2021年8月29日下午,40岁的喀布尔市民扎玛赖像往常一样下班回家,刚把汽车开进院子,儿子法尔扎德就说要练习停车,他便带着几个孩子钻进车里。

就在父子享受片刻欢乐的时候,一颗美军无人机的炸弹从天而降命中这辆汽车,扎玛赖和几个孩子被当场炸死。

三天前,在喀布尔国际机场附近发生的两起自杀式炸弹袭击中,13名美军士兵死亡,18名士兵受伤。极端组织"伊斯兰国"发表声明,宣称对此次袭击负责,这次美国的无人机打击行动,就是为了报复"伊斯兰国"组织,要解除恐怖组织"伊斯兰国"阿富汗分支对喀布尔机场构成的威胁。

扎玛赖的邻居穆萨沃在接受我们采访时说,爆炸发生时,自己就站在扎玛赖家大门外。当时只听到一声巨响,自己当场就晕倒了。几分钟后醒来,穆萨沃发现汽车已被炸成碎片。

"太可怕了,这些人被炸得面目全非,扎玛赖和他家的几个孩子就在我面前被炸死了,这些孩子几分钟前还活蹦乱跳……法尔扎德、扎米尔、费萨尔、苏米娅和阿亚这几个孩子,最小的只有两岁，最大的也不过15岁。他们怎么可能是'伊斯兰国'组织的成员？谁会相信连话还不会说的两岁孩子是'伊斯兰国'成员？"穆萨沃愤怒地问道。

扎玛赖的弟弟哈米迪毫不掩饰对美国"反恐"战争的憎恨，说美军在撤离阿富汗的最后阶段依然在残忍地杀害包括孩子在内的无辜平民。

"美国才是对我们家实施了恐怖袭击，这次袭击杀死了我们家10口人，包括我两岁的女儿在内，但我们都是普通的平民。"哈米迪说："美国人指控我哥哥是'伊斯兰国'成员，根本就是在为他们犯下的罪行找借口。"

其实扎玛赖是美国一个援助组织的雇员，而美军认为他装在汽车后备厢的"炸药"，只是他准备带回家的桶装水。

喀布尔国际机场发生的这两起自杀式炸弹袭击，造成170多名阿富汗人死伤。我采访的多名在袭击中受伤的阿富汗人说，袭击发生后，美军迅速向人群开枪射击，子弹像雨点一样密集，很多死伤其实是美军造成的。

2021年9月17日，美国中央司令部司令麦肯齐表示，美军8月29日袭击的汽车及死难者都不太可能与极端组织"伊斯兰国"阿富汗分支有关联，此次袭击是一个"悲剧性错误"，他对此表示道歉。但是，美国国防部在调查工作结束后宣布，并不会惩罚相关人员。

这次惨剧发生在美国完成撤军前一天，引发了国际关注，美国不得不进行调查并道歉。但是在国际媒体关注不到的其他地方，大量被美国军事行动杀害的平民，根本投诉无门。我采访过许多受害者的亲属,他们虽然非常愤慨,却无可奈何。

"那是一个悲剧之夜,我家男女老幼共17口人倒在了血泊中,伤者的哭喊声从家里的每个角落传来。"73岁的丁·穆罕默德悲痛地回忆起2011年发生在自己家中的恐怖场景。

丁·穆罕默德住在阿富汗南部坎大哈省潘杰瓦伊地区拉卡尼村,当年美军战机对这个村子发动了空袭,杀死了包括他家17口人在内的63名村民,还有几十人受伤。

"他们都是无辜的平民,没有犯任何罪。"他说。然而,美军对杀害平民的行为既没有道歉,也没有赔偿,更遑论惩罚凶手了。

面对愤怒的村民,美军狡称塔利班高级指挥官当时躲在村子里,死于空袭的都是塔利班武装分子。丁·穆罕默德说,这完全是毫无依据的谎言。

血洗拉卡尼村这种悲剧只是冰山一角。在阿富汗南部赫尔曼德省桑金地区,残垣断壁和遍地瓦砾时刻提醒人们,这里曾遭受过残酷的军事打击。

30岁的阿卜杜勒·瓦吉德是桑金地区居民,他无法忘记美军在他家乡做过的一切:"美军曾对桑金发起了多次猛烈袭击,不分昼夜。不仅有空袭,还有地面攻击,村民们死伤遍地,惨不忍睹。"

在瓦吉德看来,美国在阿富汗的军事行动毫无正义性可言,并不是为了反恐,更不是为了所谓的"重建阿富汗"。他指着被毁的房屋对记者说,桑金地区包括民房、商店和市场在内的大部分建筑都毁于美国及其北约盟军的军事行动。瓦吉德告诉我们,在桑金地区,太多人家都有亲人死于美军的军事行动,有的村子甚至每家都有人被美军杀害,所以这里的民众对美国人有着刻骨铭心的国仇家恨，他们都希望作为侵略者的美国人尽快撤走。

在美国驻军20年间，喀布尔作为阿富汗最大的城市，一直没有被卷入战火，造成威胁的至多是恐怖袭击；而在桑金这样的农村地区，美国的军事行动往往滥杀无辜，这不仅对击败塔利班毫无助益，反而适得其反，将受害民众推向塔利班，更加坚定了他们对抗美国的决心。

美国亚利桑那州立大学副教授阿南德·戈帕尔2021年9月13日发表在《纽约客》上的题为《另一半阿富汗女性》的文章，讲述了他在桑金地区采访女性的见闻，包括美军和其军阀盟友在军事行动中屠杀大量无辜平民、平时鱼肉乡里的事情。作者固然不喜欢塔利班，但他认识到，与美国人和军阀相比，当地民众肯定会选择塔利班。他还提到，每当他说起性别话题，都会被当地女性嘲讽，他的采访对象会反问：美国人给喀布尔的女人提供权利，同时在这儿屠杀女人，这公平吗？

戈帕尔在文章中提出了一个问题：塔利班上台，使得保守的农村地区恢复了秩序，但也会让相对自由的喀布尔街头陷入恐惧；如果美军继续在农村打击塔利班，像喀布尔这样的城市就能继续繁荣下去。但这样做就是正义吗？一个群体的权利可以永远建立在剥夺另一个群体权利的基础上吗？

这个问题的确很难用简单的是或者否来回答。阿富汗问题自有其复杂的一面，毕竟城乡二元结构的阿富汗，城市和农村不仅经济发展差距极大，人们的思想状况、看待问题的方式也大相径庭。西方媒体大多只关注塔利班在城市中实施什么样的政策，关注城市中的女性群体的权益，却很少关注农村地区女性生存状况，对于美国及北约军队在农村地区杀害平民的现象也很少报道。

阿富汗政治分析人士利卢玛·努丽在塔利班执政半年时曾对我说过："塔利班上台6个月以来，阿富汗整体处于和平状态，塔利班当局在全国范围内确保了安全。而且，塔利班严厉打击腐败行为，在农村地区逮捕了一些侵占土地者，并把土地归还给农民，得到了农民的拥护。"

作为中国媒体，新华社采访过多起美国及其盟友杀害无辜平民的事件，受害的民众也非常愿意向我们讲述他们的悲惨遭遇，我们也以中文和英文发布过多篇报道。但是，客观来讲，现在的世界舆论场依然是西强我弱，我们的声音很难在西方世界覆盖更多的受众。

2021年8月30日，有媒体在白宫记者会上发问，美军发动的无人机空袭导致包括儿童在内的阿富汗平民伤亡，对于阿富汗人的死亡，总统拜登是否能像对待美军的死亡一样负责？

白宫新闻秘书普萨基说："在努力避免平民伤亡方面，美国或许是全球做得最好的国家。"

前美军无人机操作员布兰登·布赖恩特恐怕不能认同白宫的这一说法。他说有一次他在阿富汗操作无人机发动攻击，突然从监视器中看到一名儿童闯入攻击范围，立即向上级报告，得到的答复竟是"别管他，那只是一条狗"。

第三十一章
重返喀布尔

2021年7月回到国内后,我依然负责喀布尔分社的工作。塔利班上台后,我希望能尽早返回喀布尔,那里的阿富汗同事也都盼着我回去跟他们"共同战斗"。多位同事在经历了国家的历史性巨变后有些不安,他们跟我说,只有我回去,他们有了主心骨,才能更安心地工作。美军撤离喀布尔后,机场部分遭到破坏,短期内塔利班没有技术和人才能够修复机场设施,机场处于关停状态。领导安排我先去巴基斯坦首都伊斯兰堡,等到前往阿富汗的航班恢复后再启程前往喀布尔。

巴基斯坦与阿富汗相邻,两国来往密切,在阿富汗前政府执政时,无论是航空还是陆路交流都很频繁,从伊斯兰堡返回喀布尔相对容易。

伊斯兰堡分社的同事曾前往巴阿边境探访,还做了直播报道,打听到的消息是暂时不允许外国人经巴基斯坦陆路口岸赴阿富汗,这可能是考虑到阿富汗局势未稳。

我只能先在伊斯兰堡安顿下来,远程负责喀布尔分社的报道工作。

第一时间登上了卡姆航班

与爆炸频发、满目疮痍的喀布尔相比,伊斯兰堡给我的第一印象是和平与绿色。在伊斯兰堡出行,内心比较踏实,而且城市绿化很好,满目苍翠,与到处枯黄色的喀布尔对比鲜明。伊斯兰堡分社有好几位中国同事,相对比较热闹,不像在喀布尔那样,只有我一个中国记者,比较孤单。

作为邻国,巴基斯坦和阿富汗民众往来密切,而且在伊斯兰堡市郊就有一座阿富汗难民营,已经存在了几十年了。当年阿富汗战乱,很多人跑到伊斯兰堡避难,后来一直没有再回到阿富汗,把他乡当故乡,并在此生儿育女。

在伊斯兰堡期间,我和同事一块儿去菜市场买过菜。市场很大,蔬菜品种非常丰富,国内常见的蔬菜基本都可以买到,很有烟火气。市场上还有两个中国商贩,卖豆芽、豆腐和中国调料等。这让我颇为羡慕,在喀布尔这是不敢想象

◎ 巴基斯坦首都伊斯兰堡一处烟火气很旺的菜市场

的。而且伊斯兰堡还有中国超市，能够买到不少国内的商品，从生活便利程度来讲，伊斯兰堡超出喀布尔太多了。

虽然在伊斯兰堡工作和生活都不像在喀布尔那么艰苦，但我依然时刻关注喀布尔机场的情况，毕竟我是新华社喀布尔分社首席记者，我的"战场"在喀布尔，待在伊斯兰堡只是权宜之计，而且分社的阿富汗员工也都盼望我早点儿回去，我在喀布尔，他们工作起来才能更加安心。

终于等到了阿富汗的卡姆航空公司开通喀布尔和伊斯兰堡之间商业航班的消息，我第一时间买了票。卡姆航空公司是阿富汗一家私营航空公司，它的一架客机2005年发生空难，造成飞机上96名乘客和8名机组人员全部遇难，这也是阿富汗历史上最严重的空难。由于多年来不良的安全记录，卡姆航空被列入欧盟的禁飞黑名单。

塔利班上台之前，阿联酋航空公司、巴基斯坦航空公司和伊朗的马汉航空公司都有航线从本国往返喀布尔，但是，塔利班执政后，还没有一家外国航空公司开通前往阿富汗的航线。为了尽快回喀布尔，只能选择卡姆航空了。

飘扬的旗帜换成了白底黑字旗

疫情依然严峻，伊斯兰堡机场国际出发大厅空空荡荡。在候机厅，我见到了一位去喀布尔考察商务的中国商人。前往喀布尔的女性乘客大部分都身穿罩袍且戴了头巾，只有两个年轻女孩没有穿罩袍，也没有戴头巾，我推测她们应该是巴基斯坦人——我在伊斯兰堡市区看到好多年轻女孩不戴头巾，这在喀布尔是看不到的。这其实也反映出,阿富汗整体社会氛围保守程度还是比较高的,至少超出巴基斯坦。而且在阿富汗电视台播放的电视剧,大都是中东国家制作的,剧中的女性衣着相对保守,一般不穿短袖,即使穿了短袖和相对低胸的衣服,露出来的胳膊和胸口也都会被打上马赛克。

飞机不大,一排有6个座位,分列走道两边,乘客稀稀拉拉,超过一半座位都是空的。登机后我发现自己的座位被人占了,我向空姐示意,想请她帮我提醒占我位置的乘客,结果她告诉我,空位置很多,随便坐。两名空姐都身穿黑色罩袍、戴头巾,这是我第一次乘坐阿富汗航空公司的航班,不知道前政府时期的空姐是否也是这种打扮。

虽然只有大约40分钟航程,空姐还是给大家发了阿富汗产的小面包和果汁。

临近黄昏,飞机飞临喀布尔上空,高度逐渐下降。俯瞰这座被群山环绕的灰扑扑的城市,我在心中默念,我回来了。

◎ 重返喀布尔。卡姆航班从伊斯兰堡飞抵喀布尔上空
◎ 塔利班政权的旗帜飘扬在喀布尔国际机场

第三十一章 重返喀布尔

飞机降落，机场里只停放着几架卡姆航空的飞机，没有任何一家阿富汗以外的航空公司恢复运营。

走下飞机，迎面吹来冷风——提醒着我，这里不是安全的伊斯兰堡了，从伊斯兰堡出发时感觉温暖舒适，但喀布尔已经让人感受到阵阵寒意了。我也知道，我如今返回的喀布尔已经不是我初来乍到时的那个喀布尔了，一切都变了，"萧瑟秋风今又是，换了人间"。

过海关入境时，工作人员身着便装，还留着大胡子，与塔利班上台前身着制服不同，只是拿起我的护照看了一下。我的护照上的工作签证还是由前政府签发的，不过他依然给我盖了入境章，指纹采集器成了摆设，处于关机状态，这也与前政府时期要采集指纹不同。

取了行李，走出大厅，机场比较醒目的变化是飘扬的旗帜已经换成了塔利班的白底黑字旗，而且院子里几名持枪执勤的塔利班武装人员身着军装，而喀布尔市区内执勤的塔利班武装人员大都身着便装。

身着军装的塔利班武装人员一般武器装备更加精良，属于精锐部队。喀布尔市民一直呼吁当局为塔利班武装人员配发制服，因为各地都发生过持枪武装人员冒充塔利班抢劫的案例，引发民众不安。

空荡荡的超市

分社的哈利姆和阿卜杜勒接上我，连忙跟我讲塔利班上台后的形势：阿富汗整体上已经比前政府时期安全了，尽管在喀布尔爆炸事件依然时有发生；偶尔也有死伤人数众多的袭击，大部分袭击针对的是塔利班的巡逻车和塔利班武装人员，以平民为目标的袭击相对较少；经济形势持续恶化，失业人口大量增加，雪上加霜的是货币阿富汗尼在贬值，面粉、食用油等生活必需品却在涨价，越来越多的人吃不饱饭。

从机场回分社的路上，不时碰到载着塔利班武装人员的巡逻车，大部分都是皮卡。

到了分社附近，好家伙，周围的几家邻居都换成了塔利班！有塔利班武装人员在门口巡逻，他们盯着我上下打量，大概突然见到外国人出现，觉得好奇。附近街区的大部分房子门口都没有持枪的保安了——这与塔利班的政策有关，塔利班执政后，禁止私人持枪，并挨家挨户搜查，收缴了大量枪支。如果觉得不安全，可以雇用塔利班武装人员做安保工作。

分社路口的哨卡，自从前政府的警察撤离之后一直无人值守，门口原本高高堆起的防爆用的沙袋也都撤走了。塔利班执政后要求清理沙袋，他们的理由是现在安全了，不需要这些东西了。

回到办公室，一切陈设照旧，这或许是我在这个发生大变革的国家看到的少有的"未变"，让我感到非常亲切。两条德牧Leo和CC见到我还是

◎ 喀布尔市区一家高端超市，生意冷清

第三十一章 重返喀布尔

一如既往的热情,争先恐后往我身上扑。

我去了趟分社附近的超市,如今超市门口的保安不再持枪,而且,原本两层的超市二楼已关闭,只剩一层了,商品少了很多。店员跟我说,外国人和很多有钱人离开阿富汗之后,生意做不下去,超市要关门了。

我又去了稍远一点的另一家高端超市,有三层,超市的东西非常丰富,但是也比一般超市要贵,在前政府时期生意比较好,但如今空空荡荡,只有我一个顾客。我特别看了下一些进口食品的标签,好些还是塔利班上台前进的货,都快过期了,依然没有卖出去。

结账时,我跟店员聊了聊,跟前一家店一样,原本附近区域的主要顾客是外国人和有钱人,他们离开阿富汗后,超市就变得门可罗雀了。

离开喀布尔时,我曾通过一家德国物流公司将行李邮寄回国,但一直没有收到。回喀布尔后,我特意去这家公司询问情况,结果这家公司从塔利班上台后就撤离了阿富汗,一直关门未营业。

走在街上,会发现这个国家"变天"的最直观变化:前政府时期,满大街的安保人员都是身着制服的军警,而现在满大街都是身着传统服装、戴头巾、留大胡子的塔利班武装人员,只有少部分人身着制服。原来每隔几分钟就从头顶飞过的直升机消失了,因为前政府的很多飞行员都逃离了阿富汗,塔利班当局缺乏飞行员。天空中用来监视市区状况的飞艇也不见了。

当然,无论是去政府机构还是银行,依然需要经过严密安检,毕竟恐怖袭击的阴影始终笼罩着喀布尔。

第三十二章
探访百年阿富汗国家博物馆

阿富汗的英文国名Afghanistan，意为阿富汗人的土地，但是这块土地，最初并不是"阿富汗人的土地"，许多民族都统治过这片土地。从公元前6世纪到18世纪中期，阿富汗曾被波斯人、希腊人、突厥人、阿拉伯人以及蒙古人征服，成为周边大国的组成部分。

在漫长的历史进程中，阿富汗也成为东西方文明的十字路口，成为远征军、迁徙的游牧民族和宗教传播的必经之路。东西方文明在此交汇，造就了阿富汗文化和宗教的多样性，这儿曾经对多种文化兼收并蓄，波斯文化、希腊罗马文化、印度文化和中华文化都曾在这里交织相融。宗教也是一样，拜火教、希腊宗教、佛教、印度教和伊斯兰教等宗教的影响力都曾经辐射到阿富汗，有些还经由这里传播到更广泛的地区。

可惜的是，由于阿富汗常年战乱，文盲率高，很多阿富汗人对自己的历史并不了解，也不感兴趣。阿富汗同事阿里亚对我说："大部分阿富汗人对本国历史并不了解，对伊斯兰教之外的宗教也不了解，他们认为，阿富汗人自古以来就信奉伊斯兰教。"

◎ 阿富汗国家博物馆主楼

虽然普通阿富汗人对自己的历史所知不多，但国际上的历史学家对阿富汗有着非常高的评价，汤因比就是其中一位，他认为，阿富汗在历史上是连接西亚、中亚和南亚的通衢："阿富汗有着丰富的历史遗迹，因为在人类历史破晓时，这里已经是世界上最繁忙的交通要道了……阿富汗至少在过去2500年中，一直身处历史激流之中。"

除了历史遗迹，阿富汗国家博物馆的精美文物便是阿富汗通衢地位及其身处历史激流的见证。很多中国文物爱好者都曾在国内欣赏过阿富汗国宝——2017年，一批来自阿富汗国家博物馆的精美文物在中国巡展，我在故宫看了这个展览，直观领略了阿富汗多样化的历史文化，并对命运多舛的阿富汗国家博物馆感慨不已。没想到，如今我竟然站到了这个博物馆门口。

百年历史变迁见证者

阿富汗国家博物馆始建于1919年,位于喀布尔市西南部,坐落在雄浑的兴都库什山脚下。外表素朴的两层灰色楼房,见证了阿富汗百年来的历史变迁。

1979年时,阿富汗国家博物馆拥有大约10万件藏品,但它曾在战火中遭重创。1992年苏联扶植的纳吉布拉政权倒台,几大实力派军阀争相进入喀布尔并各占一部分地盘,为了争抢喀布尔而混战。

不幸的是,博物馆就位于战火中心,每个方向都有子弹和火箭弹呼啸而来,1993年5月,一枚火箭弹击中了国家博物馆的屋顶;后来,一些武装分子和劫匪又多次洗劫了博物馆。如此这般,渐渐地它失去了70%的馆藏。雪上加霜的是,2001年,塔利班武装人员又破坏了部分文物。

不幸中的万幸,始终有一批热心文化事业的阿富汗人,甘愿冒生命危险守护阿富汗国家博物馆,使得它作为阿富汗文化传承的重要载体能够涅槃重生。

前馆长马苏迪就是其中一位。1988年苏联开始撤军,纳吉布拉政权摇摇欲坠。考虑到喀布尔有被各路军阀攻占的风险,1989年,在总统纳吉布拉的许可下,马苏迪等国家博物馆工作人员从10万件馆藏中挑出最珍贵的2万件,藏在总统府地下的阿富汗中央银行金库中。

他们铸造了7把钥匙,保存在包括马苏迪在内的7人手中,只有集齐7把钥匙，才能打开金库的大门，而且他们7人约定，如果谁不幸去世，钥匙就传给自己最年长的孩子。

这7人均守口如瓶，直到2003年阿富汗局势稳定后，马苏迪向时任总统卡尔扎伊说出了这个秘密。这2万多件文物终于得以毫发无损地重见天日。

2006年，阿富汗国家博物馆从这批文物中精心遴选231件（套）在法国展出，自此开启了这批宝物历时10多年的全球巡展之旅，并于2017年来到中国。在中国多地巡展后，于2020年重新回到阿富汗。

经过几年的恢复重建，目前阿富汗国家博物馆的藏品已达5万件。

11月底，阿富汗国家博物馆重新开馆，我决定第一时间前往探访。车行至半途，传来博物馆附近路段发生爆炸袭击的消息，道路封锁。我跟同事开玩笑，幸好我们出发晚了，躲过一劫。

在博物馆大门口，4名持枪的塔利班武装人员检查了我的记者证和阿富汗文化部开具的采访许可，并进行了安检。确认没问题后，其中一名武装人员持枪引导我走入博物馆院子，并一直陪我走到售票处才返回。门票很便宜，本国访客票价20阿尼（约合人民币1.3元），外国访客票价100阿尼（约合人民币6.5元），如果需要拍照，票价翻倍。

主楼正门前方有一个铭牌，上面有一句英文：A nation stays alive when its culture stays alive.（文化生则国家存。）也正是在这种信念的鼓舞下，阿富汗国家博物馆饱经磨难却始终延续着阿富汗文脉。

阿富汗国家博物馆馆长穆罕默德·法希姆·拉希米告诉我，在8月15日的变局中，出于安全原因，他们关闭了博物馆，目前安全形势已经好转，因此重新开馆。拉希米说，在阿富汗政局变动期间，博物馆的所有文物保存完好，没有一件文物丢失或遭破坏，而且塔利班还派了武装人员负责博物馆的安保工作。

东西方文明的十字路口

博物馆的展厅空空荡荡，除了少数工作人员外，没有一个前来观展的游客。拉希米告诉我，博物馆刚刚重新开馆，本地访客并不多，很多外国人也由于政局变化离开了阿富汗，因此外国访客就更少了。他相信等局势稳定后，游客会多起来。

与其他政府部门不同，包括拉希米在内的博物馆员工还是原班人马，并没有被替换。唯一的变化是，大门口的安保人员由前政府的警察换成了塔利班武装人员。

拉希米自豪地向我介绍了几件镇馆之宝。首先是摆放在一楼展厅正中央的巨大石钵，它发掘自南部坎大哈省的米尔维斯·霍塔克陵墓，雕刻着《古兰经》经文。米尔维斯·霍塔克1709年在坎大哈起兵，反抗波斯人的萨法维王朝，掀起了阿富汗独立建国的序章。这可能也是阿富汗国家博物馆看重这个石钵的重要原因之一。

另一件宝物是贵霜帝国2世纪时的国王迦腻色伽一世的雕像，拉希米表示国王穿的服装具有鲜明的阿富汗风格，尽管雕像只有下半身了。这件雕像也历经磨难，在塔利班第一次执政时期被砸成碎块，后又重新拼接起来。

一楼大厅还摆放着一个希腊风格的柯林斯柱头，来自阿富汗希腊化时期的城市阿伊哈努姆遗址，也是亚历山大大帝征服阿富汗的证明。阿伊哈努姆遗址的发现要归功于阿富汗末代国王查希尔·沙阿，他1961年在阿伊哈努姆打猎时，无意中发现了一个柯林斯柱头，法国考古学者进而发掘出了这个希腊化城市遗址。不过，阿伊哈努姆遗址出土的文物在阿富汗国家博物馆展出的并不多。

在二楼展厅，拉希米重点向我介绍的是一个银碗的残片。这件藏品有5000年的历史，出土于巴格兰省的法罗尔丘地。拉希米说，这件藏品之所以重要在于它包含了多种文化元素，凸显了阿富汗处于不同文明的交汇处。拉希米还提到，出土于法罗尔丘地的金器在全球巡展时曾去过中国。我跟他说，我在故宫看展时也见到了，印象非常深刻。

中国和阿富汗具有源远流长的交往历史，两千多年前张骞出使西域，到达了大夏，即今日阿富汗的北部地区。在中国巡展的阿富汗国宝中，就包括在阿富汗出土的西汉铜镜，我在阿富汗国家博物馆也看到了一枚中国北宋年间的铜钱——政和通宝。

博物馆二楼的佛教展区，文字介绍中还提到了中国唐朝僧人玄奘曾到过阿富汗，并留

◎ 阿富汗国家博物馆一楼大厅展示的柯林斯柱头

下了关于巴米扬大佛的记录。只可惜佛教展厅处于关闭状态，我无法欣赏到阿富汗精美的佛教文物。除了举世闻名的巴米扬佛教遗址外，阿富汗还发掘了一些佛教寺庙遗址，并出土过一批精美的犍陀罗艺术品。我猜测，博物馆考虑到塔利班在第一次执政时期对博物馆展品进行过破坏并炸毁了巴米扬大佛，现在塔利班刚执政，博物馆也不太清楚塔利班对待文物的态度到底有没有从根本上改变，因此出于保护佛教文物的考虑，特意关闭了佛教展厅。

阿富汗国宝在中国巡展期间，很多媒体称，这批文物是为了躲避阿富汗战乱而在全球"流浪"。拉希米对此表示否认，他说，阿富汗将文物送往全世界巡展从来都不是因为阿富汗无力保护它们，将文物送往中国巡展，是阿富汗向中国政府和中国人民展现善意的一种方式，是为了展示阿富汗的丰富文化遗产，增进两国间的文化交流。

2020年从中国结束巡展回到阿富汗的文物目前并没有展出。目前展出的文物只占全部藏品的5%，这些展品已经展出好几年了，拉希米介绍说，博物馆打算在几个月或一年后更换展品。

2021年11月23日，故宫博物院院长王旭东邀请21位国内外知名学者发出倡议书，呼

◎ 阿富汗国家博物馆展出的文物

吁共同推动保护阿富汗文化遗产。拉希米对此表示感谢，并表示未来会和中国同行进行更多合作，在中国举办更多展览，也支持中国同行来阿富汗国家博物馆，共同保护阿富汗文化遗产。

相比起丰富的馆藏，阿富汗国家博物馆显得有些局促和陈旧。访问中国十多次的拉希米，对于到访的每座中国城市都有造型美观、设施先进的博物馆赞叹不已。他告诉我，他们计划在院子内修建新的大楼，希望未来也能建成像中国国家博物馆那样高标准的馆舍。

第三十三章
卖掉女儿

我很喜欢喀布尔的气候。喀布尔四季分明，除了冬天因为人们烧木材、煤炭甚至垃圾取暖导致空气污染严重，其他季节的大部分时间蓝天白云清晰可见；由于缺乏绿化，没有那么多花粉，我在国内春秋季节症状明显的过敏性鼻炎在喀布尔也不再发作；喀布尔的夏天时常会下点儿小雨，偶尔还会下冰雹，湿润、凉爽，非常怡人。如果没有战乱，该多么美好。

冬天，喀布尔经常下雪，有时还会一连下好几天。下雪的时候，我喜欢站在阳台上眺望，远处的山被白雪覆盖，竟有几分诗情画意。整座城市笼罩在白茫茫的大雪之下，仿佛兵荒马乱都已被埋葬，只剩一片纯净的土地。有时候，小猫也会跑到阳台上，陪着我看远处的雪景，而两条狗则会跑到院子里撒欢，在雪地中打滚儿。

于我，满天飘飞的大雪似安慰剂，让我在欣赏雪中景色时，暂时忘记战乱的烦忧和工作的辛劳，可以获得片刻的宁静。我感觉冷了，转身就可以走进屋子，里面有温暖的炉火。然而，于当地饥寒交迫的民众，大雪是切切实实的苦难助推剂。

凛冬已至。2021年冬，98%的民众没有足够食物，350万人流离失所……按多个联合国机构的估计,自2021年11月起,阿富汗2280万人(超过一半人口)将面临严重粮食安全问题。

进入12月,喀布尔气温骤降,天寒地冻,食品价格猛涨,更是雪上加霜,加剧了本就十分严重的人道主义危机。

馕的价格已翻了一倍

食品价格最好的参照物是馕,馕是阿富汗人最重要的主食。

在喀布尔,一个馕的价格长期维持在10阿富汗尼,相当于6毛钱人民币。但是,到了12月,随着阿富汗尼严重贬值,馕的价格已翻了一倍。对大批生活在贫困线以下的阿富汗人来说,这已是沉重负担——要知道,当地很多穷人每天也就靠一个馕充饥。

我去分社附近的馕店时,问店主赛义德·努尔·阿迦,为什么这几天馕价格翻倍了。虽然店铺招牌上印着各式各样的馕的图片,但是他显然知道我问的是哪种馕;我也基本没见他做过图片中那些大小不一形状各异的馕。阿迦皱着眉头,语速飞快地向我倒苦水:"我也不愿意这样,但是最近阿尼贬值太严重,面粉涨价太快了,进货价格比上个月翻了快一倍,我再不涨价就赔本儿了。"

就在我跟阿迦聊天儿时,过来一个买馕的女孩儿。前两天刚刚下过雪,她却衣着单薄,脚上竟然还穿着凉鞋。她旁边还有一个身背尼龙袋子的老太太,袋子里是她捡的废品。她向我伸手讨馕,我买了几个送她。

在喀布尔很多馕店门口,经常会看到一些妇女儿童在门口的地下坐着，等好心人过来买馕，能多买一些分给这些可怜人。

为了更详细了解物价上涨情况，我去了一处比较大的批发市场，店主纷纷表示，最近物价涨得太厉害，人们没钱买东西，生意很不好。在商店购物的赛义德·穆罕默德说："我现在有很多烦心事，但我到了集市上发现还有更大的烦恼，食品等生活必需品价格都在上涨，比起一个月前已经翻倍了。"

看到我在采访，塔利班武装人员哈什马图拉主动过来，他说："物价上涨对人们的生活影响很大，政府很清楚这一点，已经在努力采取措施控制物价了，希望大家能够耐心些。"

我在街头多次采访，经常有塔利班武装人员在附近执勤，但是主动表示愿意接受采访的，哈什马图拉是第一个。我问他："你对政府控制物价上涨有信心吗？"

"当然了，政府已经采取措施打击投机倒把和囤积居奇者了，很快就会有成效。"

在哈什马图拉看来，是一些不法商人以及货币兑换商在搞鬼，是他们哄抬了物价。不可否认，这些人对物价上涨起了推波助澜的作用，但根本原因还是经济萧条和金融体系崩溃。

其实，即使在人道主义危机最严重的时候，喀布尔的基本生活物资供应都是充足的，我去了几个较大的市场，并没

◎ 作者在喀布尔街头的馕店门口采访

有出现商品短缺的问题,民众面临的最大问题是,手里没钱买东西。

更加艰难的处境

很多人为了养家糊口,每天都上街寻找工作机会,打零工的和乞讨的儿童不会因为下雪就在家待着。

12岁的迈赫拉卜就是如此,他衣着单薄,在雪中瑟瑟发抖:"我也不想在这样的大雪天出来工作,但是家里13口人就靠我和妈妈赚钱养活,她给别人洗衣服和打扫卫生,我在街上擦鞋,平时每天能赚100阿尼(约合人民币6元)。今天如果赚不到钱,就没钱买吃的。但是我觉得今天这种天气,不会有人找我擦鞋。"

我问他家里冷吗,他说:"很冷,家里不比外面暖和太多,我们没钱买木头和煤炭取暖。"

50岁的埃扎图拉正在街上等活儿。他是搬运工,用小推车帮人送货。他说自己已经好几个月没有吃过肉了,这位年过半百的男人突然哭了起来:"虽然今天下雪,我还是一大早就来街上找活儿,可已经大半天过去了,我还没有赚到一分钱。我经常一天也赚不到20阿尼,我已经养不起我的孩子了,我该怎么办?……"

我采访的这些喀布尔市民生活已经非常艰难了,但还有比他们更加悲惨的。塔利班当局2021年12月3日颁布禁令,禁止强迫婚姻。美国的阿富汗重建特别监察长办公室在一份报告中称:"这份禁令出台的背景是,今年冬天有大量阿富汗父母为了养家糊口不得不卖掉他们的女儿。"

在阿富汗一些地区，依然存在童婚的陋习，很多家庭为了维持生存或还债，会将年幼的女儿卖给别人做新娘。不过这也是无奈之举，这些卖女儿的家长在接受采访时都痛苦万状，说但凡有别的选择，绝不可能把女儿卖掉。有的家长还质问记者，你告诉我该怎么办？一个女童据说可以卖1000至2000美元。在喀布尔街头的电线杆上甚至还出现了卖肾的广告，上面写着"有肾脏出售"，并留下了联系电话。阿富汗阿里亚纳新闻网报道了赫拉特省一个名叫比比·然安的妇女，为了养家，她先是卖了自己的一颗肾，后又卖了女儿。从卖家具、卖房子到卖女儿再到卖器官，阿富汗人民承受了太多苦难。

赚钱难，取钱也不容易

赚钱非常艰难，从银行取钱也不容易。

自从塔利班掌权后，阿富汗临时政府规定，每人每周最多只能从自己的银行账户取款200美元或等价的阿富汗尼。喀布尔市民法里德跟我讲了自己艰难的取钱经历。取钱必须提前一天去银行预约，但是一般只有几十个预约名额，所以要一大早去银行门口排队。为了确保能拿到预约名额，法里德

◎ 雪后的喀布尔，坐在路边等待工作的人们

第三十三章 卖掉女儿

最早的一次是凌晨3点从家里出发的。他说自己去取钱的路上提心吊胆，尽管路上有塔利班设置的检查站，但是喀布尔的社会治安状况依然让人惴惴不安，光天化日开枪抢劫的事件都时有发生，半夜更是歹徒作案的好时机。他那次半夜出门，一路都在祈祷。幸运的是，他顺利到达了银行，银行门口已经排了一些人了，在寒冷的冬夜里，他们冻得瑟瑟发抖，还得继续等上几个小时，银行员工才会开始预约登记。预约上之后，转天才能凭借预约去银行取钱。他们还得祈祷银行当天有足够的现金，有时候预约的顺序比较靠后，就会碰到银行没钱可取的情况，只能再次预约。

喀布尔的公务员穆罕默德·谢里夫告诉我，政府宣布发工资两个多星期以来，他一直试着取钱，但银行系统不稳定，很难取到。银行门口，还碰到从外地来喀布尔取钱的，当地的银行没钱可取，彻底关门了，只好来首都碰运气，看能不能取到钱。

如此严重的人道主义危机，产生的原因是多方面的，美国当然难辞其咎。塔利班接手政权后，美国就以制裁塔利班为名，冻结了阿富汗中央银行70亿美元的海外资产，导致阿富汗金融和银行支付系统承受重压，处于崩溃状态。阿富汗临时政府多次敦促美国解冻阿富汗海外资产，但美方对此置若罔闻。

阿富汗前政府75%的财政开支来自国际援助。塔利班执政后，美国和西方直接切断对阿富汗的援助，釜底抽薪，给阿富汗造成极大的困难。过去20年，塔利班本来就没有管理大城市的经验，阵营内部也缺乏各种专业人才；加之很多精英、大商人都在政权更迭之际跑到国外，短时期内，塔利班很难从根本上扭转国家发展困难的局面。

营养不良的儿童数量激增

儿童是最脆弱的群体,最易受伤害。喀布尔的英迪拉·甘地儿童医院在入冬以来,收治了比以往更多严重营养不良的儿童,他们的样子,凡见者都会心生怜悯。

瘦骨嶙峋的卡里玛只有18个月大,安静地躺在病床上。她所在的病房中还有10个小病友。这些孩子身体虚弱,有的在睡觉,有的在哭闹,还有一个两三岁的女孩儿在安静地吃着一小块馕,这可能是她能吃到的唯一食物。他们住院的原因都一样:严重营养不良。

卡里玛的母亲纳菲莎说,她有8个孩子,但她没钱买足够的食物,大人和孩子都吃不饱。她说:"一年前,战争夺去了我丈夫的生命,留下我和8个孩子艰难度日,我最小的女儿两个月来一直经受着营养不良的折磨。我没办法了,只能带她来住院了。"

英迪拉·甘地儿童医院负责人努鲁勒·哈克·优素福扎表示:"往年冬天,我们会收治5到7名严重营养不良的儿童,很不幸的是,今年我们平均每天就要接待7名严重营养不良的儿童。"营养不良儿童数量激增,超过了英迪拉·甘地儿童医院的收治能力,医院只能收治情况紧急的儿童,对于其他没有

◎ 几名阿富汗妇女在救济品发放点大门口,等待开门后领取物资

◎ 阿富汗临时政府向喀布尔有困难的妇女发放救济品。救济品来自中国政府和慈善组织

那么紧急的营养不良儿童，只能无奈拒绝。

联合国儿童基金会阿富汗办事处官员萨曼莎·莫特2021年11月表示，目前有1400万阿富汗儿童没有足够的食物，约320万5岁以下的儿童严重营养不良，约110万阿富汗儿童面临因严重急性营养不良而死亡的风险。

阿富汗卫生医疗系统的很多员工自塔利班执政后就没有拿到工资了，还有很多医疗设施电力短缺，缺少药物。

面对阿富汗人道主义灾难，包括中国在内的不少国家和国际组织纷纷伸出援手。2021年9月29日，中国政府首批对阿富汗紧急人道主义援助物资运抵喀布尔，此后中国政府、地方、民间等各部门向阿富汗提供了一系列人道主义援助，将粮食及民生、医疗、越冬物资和新冠疫苗等运往阿富汗，缓解危机。

我多次参加过阿富汗政府组织的分发中国政府援助物资的仪

式，阿富汗难民部代理部长哈卡尼、阿富汗临时政府发言人穆贾希德等官员都接受过我的采访，表达了对中国的感激，并希望进一步发展对华友好关系。分发仪式上，还有很多塔利班人员主动与我攀谈，表达对中国的友好。

  在一次分发仪式上，一名带着四五岁女儿前来的妇女跟我说，自己是4个孩子的母亲，原本是一名助产士，但近来失业了，丈夫是一名建筑工程师，几个月前也失业了，因为这段时间在喀布尔没有任何建筑施工项目。她说："喀布尔的生活充满了艰辛和挑战，我不知道未来会怎样。在目前没有收入的情况下养活4个孩子太难了，我们买不起取暖的燃料，这个寒冬我只能在家中给孩子们尽量多穿衣服保暖。"

  虽然生活如此艰难，但她的女儿在领到粮食和衣物后冲我灿烂一笑，她的笑容如同一道光。那一刻，我看到了他们发自内心的感激，看到了他们的乐观与坚强。与他们陷入困顿的生活比起来，我在阿富汗面临的危险和艰苦又算得了什么？我还有什么好抱怨的？努力生活，踏实工作，鼓足勇气，面对未知的每一天。

第三十四章
喀布尔的"英国人公墓"

在喀布尔的使馆区和高端商业区附近，有一所特别的墓园，身处闹市，名为"英国人公墓"，被遮蔽于周围的商业区和居民楼中。

公墓灰白色的围墙上涂满了广告，两扇紧闭的黑色拱形木门彰显出些许历史沧桑感。从街上只能看到从墓园围墙中探出来的郁郁葱葱的树木。

大门右侧铭牌上是两个醒目的英语单词：BRITISH CEMETERY。在这条熙熙攘攘的街上，公墓门庭冷落。

我带着好奇敲响了大门，守墓人艾努拉引领我进入墓园，映入眼帘的是一间低矮的白色简易小屋，屋顶是石棉瓦，小屋墙上的铭牌介绍了墓园的来历：墓园修建于第二次英阿战争期间（1878—1880），同时这里本身也是1789年一场战役的发生地。

墓园里，长眠着158名英国人（包括第一次英阿战争和第二次英阿战争期间死于喀布尔的英国士兵、外交官和他们的家眷），南墙树立着部分人的墓碑，墓碑上的文字介绍了修建这座墓园的目的：纪念19世纪和20世纪在阿富汗战争中殒命的英国军官和士兵。

尽管建墓园的初衷如此,但如今它其实是一座万国公墓,除了英国人外,还埋葬着来自世界各国的人,他们的身份多样,除了军人,还包括传教士、国际组织工作人员、医生、记者、商人、学者,甚至还有游客和儿童。

不管生前来自什么国家,是什么种族,说什么语言,处于什么阶层,从事什么工作,年龄几何,这些异乡人去世后都在这个远离故土、常年战乱的国家相伴长眠,都在这个小小的墓园中获得了身后宁静。

艾努拉告诉我,在阿富汗去世的外国人,只要得到英国使馆的许可,都可以葬在这座墓园。

三位中国同胞也长眠于此,其中一位是中国外交官邹兴志。邹兴志生前曾担任中国驻阿富汗大使馆会计,1982年12月隆冬的一个夜晚,他突发脑溢血不幸辞世。

另外两位同胞身份不是非常明确,一位是可能姓齐的女士(她的墓碑上只有达利文,记载她姓"Ki"),被联合国机构派来阿富汗帮助当地民众养蚕,病逝于此。她墓前的玫瑰花,恰巧在盛开。另外一位是中国男性工程师,在喀布尔附近修路,因山石崩塌而遇难。他们都是上世纪40年代在阿富汗工作和辞世的,墓碑上都只有达利文,没有记载他们的全名和更加详

◎ 一位可能姓齐的中国女士的墓

◎ 位于喀布尔市区的英国人公墓的大门

尽的事迹。

他们距家乡万里之遥，亲友很难到此祭奠，中国驻阿富汗大使馆的外交官每年清明节都会过来探望，祖国并没有忘记他们。

最出名的当数斯坦因

墓园中最出名的人物当数英国考古学家斯坦因。艾努拉很熟练地向我指出了三位中国同胞墓葬的位置，但却不知道斯坦因是谁，也不知道斯坦因的墓具体在什么位置。

斯坦因的墓黑白相间，墓碑上竖着一个白色的十字架。斯坦因1862年出生于匈牙利，1904年加入英国国籍，醉心于在中亚和南亚考古、探险。20世纪初，他多次前往中国新疆和甘肃进行考察，窃取了大量文物，包括珍贵的敦煌文卷。他以中国行的发现为基础撰写的学术报告在当时名震欧洲，成为国际敦煌学研究的开山鼻祖之一。

阿富汗一直是斯坦因梦寐以求的考察地，但因英阿关系等问题，他1943年才获准进入阿富汗。81岁高龄的他抵达喀布尔数日后中风身亡，就地葬于这座公墓。

这座墓园埋葬的探险家并非只有斯坦因一个，比斯坦因年轻30多岁的丹麦探险家、人类学家亨宁·哈士伦-克里斯腾森在斯坦因去世5年后，因病逝长眠于此，他也在中国和中亚地区进行过考察。

还有凄美的爱情故事

墓园虽小，但四处走走，总会有令人感慨的发现。我在一块铭牌上看到一份名单，镌刻着1998—2014年在阿富汗殉命的18名外国记者的名字。作为同行，我心头一紧：在这个国家做记者面临生命危险并非虚言。

墓园还有爱情故事。一块墓碑上刻着寥寥数语：德怀特·D. 里奇（1914—1978）在坎大哈死于一次车祸。里奇是一名美国人，他的墓旁有

◎ 英国考古学家斯坦因的墓

一座修建于2021年的新墓，那是他心爱的妻子威尼弗雷德·佐伊·里奇（1920—2019）的墓穴。妻子在家乡美国去世后，家人遵照她的遗愿，将她葬到这座墓园与丈夫相伴而眠。在分开43年后，他们终于团聚了，正如妻子墓碑上的文字：我们终于又在一起了。

除了埋有英阿战争阵亡英国士兵的尸骨外，还有一些苏联人的墓碑，而且，墓园中有一面围墙，镶满了俄语的金属铭牌。可惜我不懂俄语，我猜想是纪念苏联入侵阿富汗期间阵亡于此的苏联士兵。

最近的一次阿富汗战争也在这个墓园中留下了痕迹。从2001年美国和北约军队出兵阿富汗到2021年8月最终撤离，20年间，北约各国都有士兵阵亡于此。墙面上镶嵌着多个国家设立的纪念牌，有的国家还列出了阵亡士兵的名单，不过，这些士兵并没有葬在墓园中。

无论是英国、苏联还是美国，都在自己国力最强盛的时期远征阿富汗，无一例外体会到了"帝国坟场"的威力。"秦人不暇自哀，而后人哀之；后人哀之而不鉴之，亦使后人而复哀后人也。"大概这是对这三个国家前赴后继出兵阿富汗的最好诠释。

墓园守护人

对54岁的艾努拉来说，那些帝国争霸的故事离自己太过遥远，自己的工作就是打理好这座墓园，让这些异乡人的归魂之地干净而又肃穆。

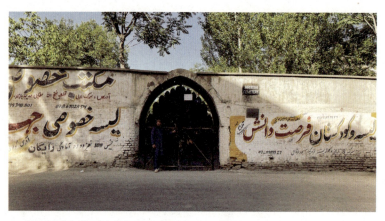

◎ 英国人公墓守墓人艾努拉目送我们离开

他说,自己会一直守护这座墓园。他的堂弟、38岁的萨迈原本跟他一块儿在这儿守墓,塔利班上台后他去了英国。如今,虽然英国驻阿富汗大使馆已经撤走,但是英国使馆每个月会给他汇250美元作为工资。他还说,最初守护这座墓园的是自己的叔叔、萨迈的父亲拉希穆拉,他原本是牧羊人,1982年赶着羊群来到墓园吃草,便定居在墓园中,同时在这儿守墓。

2001年起艾努拉便帮助叔叔守墓。2010年拉希穆拉去世后,他的儿子萨迈也来到这里。在拉希穆拉守墓前,这里没有专人看守,比较荒芜。拉希穆拉来到后,开始种树、种花、打理草坪,把墓园料理成了一个漂亮而幽静的小花园。

拉希穆拉曾对媒体说,塔利班第一次执政时期,塔利班最高领导人奥马尔曾经带着6名持枪守卫来到墓园,拉希穆拉向他介绍这儿是一处外国人墓地,奥马尔并没有多说什么,也没有破坏墓地便离开了。

一些墓碑和墓地的围墙在90年代的内战中曾被火箭弹和流弹击中，不过早就修复完好，已经基本看不到当年战争的痕迹。

走出墓园大门，看到街上塔利班的巡逻车，才体验到走进墓园正如走入一段尘封的历史，墓园之外才是现实世界。

在塔利班的叙事中，正是他们坚持不懈，通过20年的艰苦斗争才将美国侵略者赶走，实现了真正的民族独立。我想，这座墓园也可以作为阿富汗近代苦难史的一种见证。

第三十五章
喀布尔动物园

喀布尔常年战乱，社会环境相对保守，对于妇女儿童以及年轻恋人来说，适合放松身心的娱乐场所并不多，位于喀布尔河沿岸的动物园一直是大受他们欢迎的去处。

最耀眼的明星马里安

动物园大门口，有一座狮子铜像，从它被摸得锃亮的脑袋和尾巴就可以看出它受人欢迎的程度。它叫马里安，曾是喀布尔动物园中最耀眼的明星。我刚进动物园，就看到几名塔利班人员围坐在马里安身旁，很开心地跟它合影。

20世纪80年代，马里安来到喀布尔动物园，一直深受游客喜爱。它活了23岁，经历了苏联入侵阿富汗、军阀混战、塔利班第一次执政、美国出兵阿富汗等多个动荡的历史时期，2002年死去，被葬于动物园中。

马里安最悲惨的经历，莫过于在军阀混战期间遭受的严重伤害。1993年，一名武装分子为了向同伴炫耀自己的强大，跳进狮笼里去挑逗马里安，被马里安咬死。第二天，这名武装分子的兄弟为了复仇，向狮笼里扔了一颗手榴弹，马里安的脸部被炸伤,左眼被炸瞎,右眼也几近失明。虽然身受重伤,但它依然坚强地活了下来。

我想,喀布尔市民乃至阿富汗人之所以喜爱马里安,不仅是因为它是阿富汗本土所没有的珍稀动物,象征着勇敢与力量,更重要的是在战争、苦难和不公的环境中,它体现出了一种不向命运低头、不屈不挠顽强求生的意志,这正是阿富汗民族精神的写照。马里安是阿富汗人共情的对象。

西方人当年特别关注马里安的命运,对它进行过大量报道,以至于有人认为,相比起生活在这片土地上的人,西方人可能更加关注这只狮子的命运。2002年初,英国人罗瑞·斯图尔特抓住塔利班倒台后转瞬即逝的历史窗口,花了36天,从阿富汗西部的赫拉特步行至喀布尔。他后来写下了《寻路阿富汗》一书,书中提到了马里安,他写道:"西方人很少关注哈扎拉人的被杀,震动他们的是巴米扬大佛的被毁,或是喀布尔动物园里狮子的命运,在美国和英国,为那头狮子募集了90万美元。"塔利班2001年炸毁巴米扬大佛,也有人认为,是国际社会过于关注巴米扬大佛,愿意出资保护大佛,但是对于阿富汗面临的人道主义危机关注不够,从而引发塔利班不满。

◎ 三名塔利班成员与狮子马里安的铜像合影

公园中只有男游客

塔利班进入喀布尔后，很多塔利班成员扛着枪来动物园和其他一些公园游玩，引发市民不满。后来阿富汗临时政府发布法令，禁止带枪进入公园。我在公园见到不少塔利班人员，都遵守规定，没有携带枪支。

不过，我在喀布尔郊区的休闲胜地卡尔加湖采访时，发现几名塔利班随身带枪乘坐一个小型摩天轮，摩天轮里当时没有任何其他游客。

我去的那天，动物园里只有男性游客，有些人还带了孩子。2022年3月，阿富汗临时政府出台了在公园实行性别隔离的政策：公园周一、周二、周日只对女性开放，周三、周四、周五只对男性开放。儿童不受这个政策影响。跟随男性游客来游玩的既有男孩儿也有女孩儿。这个政策出台后遭到一些市民的反对，因为每逢节假日，阿富汗人喜欢全家出动，一起去动物园、公园之类的休闲场所，男女隔离的禁令出台后，相当于剥夺了一家人共同出游的机会。

此前的2021年12月，阿富汗临时政府就出台规定：女性在没有男性监护人陪同的情况下，旅行不得超过72公里，临时政府表示这是为了保护妇女的安全。

除了动物园，我在四十柱花园还看到了变通版的男女隔离令：男性游客和女性游客分别从花园不同的大门进入，公园内部有一个隔离带，男女游客有各自的活动区域。很明显的是，女性游客区热闹非凡，因为小孩子在打闹嬉戏，大声喧哗，非常有活力；而男性游客区冷冷清清，鸦雀无声，这些男人感觉都像霜打的茄子一样无精打采，兴味索然。

不过，随着时间推移，塔利班的女性政策向更加保守的方向发展。2022年11月，塔利班进一步规定，禁止女性进入公园、游乐园等游乐场所，理由是很多女性不按规定佩戴头巾。

在阿富汗，只有年龄很小的女孩儿可以不戴头巾，进入青春期以后女孩儿就开始戴头巾。阿富汗的小学女生一律都戴白色的头巾，那是她们校服的一部分。我到喀布尔后，无论是在前政府时期还是在塔利班执政之后，在街上和其他公共场所从来没有见过一个不戴头巾的阿富汗女性。即使我去一些家庭采访，女性在我这个外人面前也都戴着头巾。

听之前在阿富汗工作过的女同事讲，阿富汗女性热情奔放的一面只有丈夫等极少数男性亲属在家里才能见识到。这位女同事参加过阿富汗人的婚礼，在女宾区，阿富汗女性都不穿罩袍，而是身着鲜艳的漂亮服装，载歌载舞；参加婚礼的男性宾客只能在男宾区聊天，气氛相对沉闷。

2022年5月，塔利班出台规定，要求女性遮盖面部，并鼓励女性穿覆盖全身、仅仅在眼睛留有观察外部网眼儿的波尔卡。规定出台的第二天，我特意去街上观察，绝大部分女性没有遵守这条规定，照常戴着头巾，露出面部，身穿罩袍；穿

◎ 喀布尔动物园内的游客

波尔卡的女性也跟往常一样,数量非常少。街上执勤的塔利班也对明显违规的女性视而不见,并没有找她们的麻烦。

但是,阿富汗电视台的女主播已经把脸蒙上了,有些女主播是戴着口罩充当面纱。之前,阿富汗电视台的女主播都戴头巾,面部是露出来的。阿富汗最大的电视台、私营的黎明电视台的男主播为了对塔利班当局的命令表示抗议,也一度戴着口罩播报新闻和主持节目。

其实,不止对女性,塔利班执政后,也逐步对男性的着装有了要求。2022年3月,塔利班当局规定男性政府雇员必须蓄须,上班时间必须穿阿富汗传统服装。4月,又发布新命令,规定男性教师和学生在学校不许打领带。

只有男性游客的动物园的确单调了不少,还好有活泼的小朋友给动物园增添了一些活力。动物园负责人纳吉布拉·纳扎里对我说,动物园目前共有100多种动物。动物园基本没有停业,只有2021年8月15日塔利班进入喀布尔的当天,由于担忧安全形势恶化,动物园闭门谢客,不过第二天就照常开放了。

见证艰难

如今由于经济形势恶化,游客数大幅下降,去年政权更迭之前,平均每天有2000—2500名游客,半年多过去了,即使周末和节假日,也只有约800名游客。

一些体型较大的动物很受游客欢迎,比如狮子、熊、豹子、猴子、羚羊、牦牛、马、骆驼和鸵鸟等,吸引了很多小朋友和塔

第三十五章 喀布尔动物园

◎ 喀布尔动物园最受欢迎的动物是狮子

利班人员。他们在这些动物的笼子前徘徊良久,其中最受欢迎的明星动物依然是狮子。

11岁的小学生莫尔塔扎说,这是他今年第二次来动物园:"我喜欢动物,我想知道它们是如何生活的。来这儿不仅能看到它们,而且环境也非常好,绿树成荫,现在来这儿也安全了很多。我喜欢狮子、骆驼和水牛。"

除了这些动物外,园区中还设有一个小型水族馆,养了一些小型鱼类。水族馆还开辟了一小块儿区域,养了几只乌龟和几条蛇,用来代表爬行动物。

最让我惊奇的是,园区中还有一个小人工湖,有几只鹈鹕在悠闲地游泳。不过,人工湖的真正主人不是它们,从数量上看,一群大白鹅才是人工湖的主宰。它们成群结队地在湖面上游弋。

有游客知道我是中国记者,主动与我攀谈,表示希望未来阿富汗的安全形势更好，动物园里能看到更多的动物。

如今园区内的动物也算"人丁兴旺"，其实动物们也饱尝了"覆巢之下，安有完卵"的苦涩滋味。往事不堪回首，这个始建于1967年的阿富汗唯一的动物园在常年战乱中当然也没能躲过战火带来的摧残。

1992年，苏联扶植的纳吉布拉政权倒台后，几大实力派军阀为了争夺政权，在喀布尔展开了激战，动物园遭受了严重破坏：水族馆遭到炮击，25岁的大象哈蒂被火箭弹打死，一头熊被流弹击中腿部，饥饿的武装人员闯入动物园窃取鹿和兔子等动物作为食物，还有一些稀有动物被偷运出去售卖。

当时动物园有些饲养员不得不离开了，但依然有人在想方设法给动物筹集食物。经过多年战乱，到2001年底，美国出兵推翻塔利班政权后，喀布尔动物园只剩下数十只动物，园区残破不堪，动物也时常饥肠辘辘。难得的是，动物里的头号明星马里安一直都在，直到2002年死去。

当我问起那段艰苦的岁月，纳扎里并不愿多说，只是说，当时非常艰难，但是我们依然挺了过来。

来自中国的动物

北京八达岭野生动物世界曾于2002年10月2日向喀布尔动物园赠送过一对狮子、一对棕熊、一对鹿、一对猪和一头狼。

这批动物很快就成了喀布尔市民的宠儿，尤其是那两头狮子更是引起轰动，人们纷纷前往动物园一睹它们的风采。

我向纳扎里询问了这批动物的近况，他很遗憾地告诉我，

20年过去了，由于衰老以及疾病等原因，这批动物现在都已经死亡了，其中最长寿的是一头名叫"汉济尔"的猪，它于2021年去世。

阿富汗是伊斯兰国家，作为穆斯林的阿富汗人不吃猪肉，也没人养猪，很多阿富汗民众从来没有见过猪。中国赠送了猪以后，好奇心驱使民众到动物园游玩时，必会去猪笼一探究竟。

汉济尔和它的配偶在动物园生了几头小猪，过了几年闲适的生活，但是2006年时，饲养员忘记关棕熊的笼门，棕熊跑到猪笼里，把汉济尔的老婆孩子都吃掉了。自那以后，汉济尔就成了阿富汗唯一的猪。作为世界上最孤单的猪，一直到生命的尽头它也没有等来新的同伴。

第三十六章
探访巴米扬大佛

3月的阿富汗，由于海拔不同，从喀布尔一路向西，路上可以看到完全不同的景色，有些山谷中种满了树，枝头开满花，灼灼其华；有些山坡上星星点点地分布着一些土坯房子，显露出民之艰辛；沿途反复出现的小镇毋宁说是在公路主干道上汇集了几家简陋商店，有些商店是土坯房，有些由集装箱改造而成，过往行人可以在此吃饭歇脚、加油修车；在海拔高一些的路段，公路的两侧是仍未融化的大片积雪。

一开始我还津津有味地欣赏变化多端的路边风光，但是过了两三个小时就再也无心看风景了：由于常年战乱，这儿的道路缺乏维护，每隔几百米就会出现破碎的路面，坑坑洼洼。在这种颠簸的路上行车，于我而言是灾难，已经很多年不晕车的我被颠得晕头转向，胃里翻江倒海，在剩下的路途中吐了两次。

一路经过的大片农田、村庄和小镇，完全没有塔利班武装人员的影子，只有到达省界时才看到塔利班武装人员设置的检查站。快抵达巴米扬省界时，我难受异常，下车呕吐，在检查站执勤的塔利班武装人员远远地在看我。

驱车前往宾馆的路上，第一次看到巴米扬大佛，准确来说，

◎ 巴米扬大佛被炸毁后，只剩下了洞窟

是大佛被毁后两个空荡荡的巨大佛龛。真是壮美。

两尊大佛相距数百米，分列巴米扬主崖东西两端；主崖后面的兴都库什山脉绵延不绝，层峦叠嶂；山头铺满了皑皑白雪，在蓝天白云的映衬之下，如同一幅美丽的画卷。

一眼千年，沧海桑田。1400年前，中国僧人玄奘来到这里时，他看到的不只是"万里层云，千山暮雪"的美景，而是香火旺盛的人间佛国："梵衍那国东西二千余里，南北三百余里，在雪山之中也。人依山谷，逐势邑居。国大都城据崖跨谷，长六七里，北背高岩。有宿麦，少花果，宜畜牧，多羊马。气序寒烈，风俗刚犷……伽蓝数十所，僧徒数千人，宗学小乘说出世部。"

虽然佛国已消逝在历史的烟尘之中，但玄奘笔下的巴米扬，却历经千余年几乎未变，如"居民靠着山谷，随着山势的起伏聚邑而居。有冬小麦，花果少。适宜放羊畜牧，羊马很多。气候极其冷烈，风俗强悍粗犷"。站在巴米扬大佛的脚下，我感受到了文字跨越千年的魅力。

玄奘眼里的巴米扬大佛雕饰精美："王城东北山阿，有立佛石像，高百四五十尺，金色晃耀，宝饰焕烂。东有伽蓝，此国先王之所建也。伽蓝东有鍮石释迦佛立像，高百余尺，分身别铸，总合成立。"

感谢玄奘，正是他的这段描写，让后人知道了当年的巴米扬大佛是何等壮美、华丽与庄严。玄奘还给世人留下了至今未解的千年之谜：他当时看到了一尊更为巨大的涅槃佛，"城东二三里伽蓝中有佛入涅槃卧像，长千余尺"。现在依然有考古学者，孜孜不倦地依据玄奘的记载寻找这座隐世上千年的涅槃佛像。

塔利班把枪塞给了我

在宾馆安顿后，我们马上赶往巴米扬省文化和信息局，采访了局长赛义夫·拉赫曼。他告诉我们，2021年8月15日，巴米扬省通过谈判实现了权力和平交接，但是在塔利班力量进入巴米扬市接管政权之前，前政府的军警和官员都已逃离，出现了短暂的权力真空期。有一些武装分子浑水摸鱼，还有一些身份不明者冒充塔利班，在巴米扬大佛、高鲁高拉古城等遗址进行劫掠。

采访结束后，我们马上返回巴米扬大佛，进行实地探访。

离巴米扬东大佛只有几百米了，只听得身后"轰"的一声响，伴随着刺耳声音而来的，是一辆刚才并无踪影的摩托车，它停在了我身边，车把上还插着塔利班的白色小旗。

两名塔利班武装人员动作麻利地一跃而下，其中一人手持突击步枪。二人面色凝重，把我上下打量了一番，让我感觉来者不善。自2021年8月塔利班执政半年多以来，到访巴米扬的外国人非常罕见，因此塔利班武装人员对于我的到来非常警惕。

二人态度严厉："你是什么人？为什么要来这里？刚才从远处就看到你们向大佛这边走了，外国人未经许可不能接近大佛。"我忙说自己是中国记者，来这儿了解文物保护情况。我边回答边让阿富汗同事向他们展示了阿富汗临时政府文化部的介绍信。此外，还向他们展示了一个小时前采访局长的照片。

让我意外的是，听到我是中国记者后，持枪的那名武装人员立马说了两个英语单词：China，friend，并向我竖起大拇指。他原本凝重的神色瞬间放松下来，微笑着主动跟我握手——他这是一种对外国人友好的举动，因为阿富汗人之间并不握手，他们把手放在胸前互致问候。他边握手边跟我说："阿富汗和中国是好朋友，欢迎来到巴米扬做客。"

我悬着的心放下了，与他们聊了几句。他们两人的职责是保护大佛和附近的高鲁高拉古城，每天都会在大佛和古城之间巡查，看到可疑人员定会盘问一番。

临别之际，两人跨上摩托车，要跟我合影。照完相，我

◎ 和塔利班士兵在巴米扬大佛前的合影

◎ 当地村民乘三轮车经过巴米扬大佛
◎ 赶着毛驴的少年从巴米扬大佛前走过

正准备跟他们道别,持枪的那位突然从车上跨下,不由分说,把枪塞到我手中,示意我拿着他的枪跟他们再次合影。

无论去哪儿,塔利班武装人员都带着自己的枪,不会轻易交给别人,打了多年的仗,枪是他们安全感的来源。塔利班高层人员、现任阿富汗临时政府难民事务部代理部长的哈利勒·哈卡尼携枪会见客人的图片传遍网络;而基层的塔利班武装人员不论进公园、游乐园还是逛动物园都带着枪,后来喀布尔很多市民就此提出抗议,政府不得不出台规定,禁止他们带枪进入游乐场所。

这名武装人员把自己的枪交给我,是莫大的信任,在阿富汗的习俗中,我如果加以拒绝是对他的不尊重,是一种不友好。来不及过多思考,我接过枪和他们再次合影。他们前脚刚走,迎面走来两名赶着毛驴回家的少年,大佛脚下,落日余晖将少年和驴的影子拉得长长的,渐行渐远。

时光仿佛停滞了一般,千百年来,大佛庇佑下的人们似乎一直过着这种世外桃源般的生活,恍惚间我好似回到了一千年前,大佛犹在，牧童悠闲地放牧牛羊，勤劳的农人在田中耕作，往来商旅络绎不绝……

石窟中的生活

从巴米扬主崖向西走数百米，是另外一个山崖，这个山崖同样布满了大小不一的洞窟，有些和巴米扬大佛一样，开凿于千年前。

在山崖底部还建有一些土坯房子，在山崖中部，也有一些就着洞窟改造而成的土坯房子，还装上了简易的门窗。洞窟之间还有拉起的绳子，上面晾满了衣服，三三两两的儿童站在山崖间的洞窟旁，向我投

◎ 居住在巴米扬大佛旁边洞窟中的孩子

来好奇的目光。他们是大佛的邻居，这些洞窟就是他们的家。

我走进一间狭小逼仄的洞窟，不到30岁的诺里亚是三个孩子的母亲，她抱着一个熟睡的婴儿在约为四五平方米的石窟内坐着，怀中的婴儿时不时咳嗽几声，4岁的儿子则紧紧依偎在她身边。

石窟内唯一的家具是好心人送的炉子。石窟的墙壁上开了一个不大的窗户，没有装玻璃，而是蒙了塑料薄膜。原本就不大的

石窟还用一堵土墙隔出一个很小的空间做厨房，里面放着煤气炉和锅碗瓢盆，但没有任何食材。石窟最外面砌了一堵墙，墙上装了简易的木门。

诺里亚原来居住的石窟有坍塌的风险，她只好过来投靠亲戚扎丽法·古勒·艾哈迈德，住在她的洞窟中。

诺里亚说，家里已经好几个月没有开火做饭了，因为没有钱买食材，每天靠吃馕充饥，有时连馕也吃不上，要靠好心人接济。

诺里亚的丈夫因吸毒而不知去向。2021年8月15日塔利班执政之前，她在一家诊所做保洁，每个月收入为5000阿富汗尼（约合人民币360元）。此外，她还给人洗地毯、洗衣服赚钱。塔利班执政后，美国切断了对阿富汗的援助，冻结了阿富汗的海外资产，继续对塔利班实施制裁，阿富汗经济形势恶化，诺里亚工作的诊所关门，给人洗地毯的活儿也越来越少。她指着怀里不时咳嗽的婴儿说，孩子几天前生病了，但没钱看病。

扎丽法处境也并不比诺里亚好，她家没有土地，在农忙时节，自己会帮别人种地，平时也给人洗地毯赚钱，但是现在活儿太少，每天都赚不够糊口的钱，只好让13岁的儿子辍学在街头干活。但如今经济不景气，儿子一天最多也就赚几十阿尼。

我又去了扎丽法的邻居哈桑家。37岁的哈桑看上去有些苍老，他的家也是一间洞窟，面积稍大，风格也是"极简主义"，家徒四壁，仅仅铺了一层旧地毯，洞窟中拉了一道帘子，帘子后面是被子和睡觉的地方。

哈桑家有8口人。他是农民，但是没有自己的土地，只能租别人的土地耕种，农闲时也做零工。他是家中主要收入来源，而他最近几个月找工作非常困难，收入微薄，一家人靠吃馕度日，偶尔能吃上一顿手抓饭，肉和水果简直是奢侈品，已经很久没有吃过了。

他说这些话的时候，没有任何哀伤，非常平静，好像已经接受了这种命运。离开时，他坚持把我送下山崖，并为自己家中没有茶和水果或干果招待我而感到抱歉。

阿富汗民众非常好客，有人去他们家中做客时，都会非常热情地给客人提供茶水、水果、干果和糕点，而客人拒绝饮用或食用是失礼的，主人会不高兴，认为客人对自己不满意或不尊重。

对于这些在苦难中依然坚韧求生的民众，我只能给他们留下些微薄的资助，也无力做更多。但愿塔利班能够在国际社会的帮助下集中精力发展经济，为这些民众创造更多就业机会，帮他们渡过难关。

第三十七章
巴米扬大佛的千年回响

清晨,从酒店阳台望去,在旭日的照射下,闪着金光的巴米扬主崖一览无余。

1400多年前,巴米扬石窟群就开凿在这个东西长约1300米的主崖壁上,共有大小洞窟约750个,东西大佛分列主崖两端。东大佛高38米,西大佛高55米,被毁掉前一直是世界上最高的站立佛。巴米扬曾经是古代丝绸之路和东西方交会的十字路口,在佛教繁盛时期,规模宏大,香火旺盛,艺术精美,周边还建有城堡和碉楼。

大佛命运多舛

2001年3月12日,塔利班不顾国际社会强烈反对,将巴米扬两座大佛炸毁。大佛被毁后留下的空荡荡的洞窟异常显豁,犹如两个巨大的伤口,像是在控诉,又欲说还休。

巴米扬大佛被毁后,联合国教科文组织协调科研机构对巴米扬东西大佛塑像内的木棒等进行碳-14检测,得出的结论是:东大佛在580—620年建成,西大佛在620—650年建成。

在巴米扬省文化和信息局工作人员阿海德的陪同下，我来到设在西大佛旁的入口处。塔利班接管政权后，两名武装人员日夜守护着大佛遗址。

他们的办公室兼住处由集装箱改造而成，旁边是迎风飘扬的塔利班旗帜，其中一人持枪坐在入口处。这两人也向游客售票。阿海德介绍说，这只是暂时的，以后会有专人售票。在塔利班岗哨对面的一片平整的黄土地上，一群身着阿富汗传统长袍的青少年在踢足球。

西大佛的洞窟空空荡荡，当年大佛被炸成碎片，剧烈爆炸带来的冲击和震动，对西大佛洞窟崖体的稳定性造成了很大破坏，洞窟中出现了横贯顶部到两侧崖壁的多条长达数十米的裂缝。为避免洞窟崖体崩塌，联合国教科文组织用钢管搭

◎ 巴米扬东大佛（上图）、西大佛（下图）

设了密密麻麻布满整个洞窟崖体的巨型支架。

西大佛的洞窟用铁丝网围了起来,中间开了一个简易的木门并上了锁。2021年8月15日政权更迭之际,一伙儿窃贼破坏了木门,进入了西大佛洞窟。

大佛洞窟的右下方有一个小的洞窟,用来存放大佛被炸毁后的佛体碎块儿。劫掠者们闯入这间被改造为储藏室的洞窟,把摆放在架子上的佛体碎片肆意扔在地上,一片狼藉。不远处的工作人员办公室也被洗劫一空。

大佛身体虽已化成碎片,但硕大的双脚尚存,而且佛脚和崖壁是分离的,朝拜者可以绕佛脚一周。佛脚旁边是几块佛身被炸后的巨大石块。

佛身石块大小不一,小的仅拳头大小,大的足有数吨重,合计有数百立方米。联合国教科文组织将这些佛身石块收集起来并进行编号,在大佛不远处盖了简易的房子用来存放大部分佛身石块。

东大佛没有像西大佛毁得这么彻底,还有少量残存的躯体留在崖壁上,右臂还可以看到少许衣服的纹路,在佛脚下同样是几块巨大的佛身石块。

大佛洞窟设计精妙,东西两佛周围都有一条隐藏于崖体内部的通道,仅容一人行走,从大佛右脚旁的佛窟内侧向上延伸,沿蜿蜒盘旋的通道台阶

◎ 巴米扬大佛景区入口处的塔利班士兵

拾级而上，直通大佛头顶；登上大佛头顶的回廊，便可以俯瞰整个巴米扬城。

大佛脚下是一片片刚生出嫩芽的麦田，一丛丛挺拔向上的白杨林，更远处雄浑的兴都库什山白雪皑皑，与云海相接。从大佛头顶的回廊继续向前，就可以由大佛左侧的通道一路向下，经大佛左脚旁的洞窟回到地面。

玄奘在《大唐西域记》中记载，东大佛是释迦佛，在考古发掘中，也在东大佛体内发现了表现释迦佛特征的造像等遗物，印证了玄奘的说法。

对于西大佛的尊格，玄奘并没有记载，多名日本学者认为是弥勒佛，依据是西大佛的天井壁画包含有弥勒菩萨和兜率天宫的形象。

洞窟

整个巴米扬主崖的下半部布满了大小不一的洞窟，这些星罗棋布的洞窟之间都有通道相互贯通，沿通道可以探访几乎所有的洞窟。

洞窟形状不一，或呈方形，或呈圆形，上方为穹顶，穹顶风格也多种多样。洞窟大小也不同，小的圆形石窟仅能容得下一个人，而最大的一个方形洞窟，长15米，宽8米，高9米。阿海德说，这个洞窟是僧人当年讲经学习和存放经卷的场所。

无论大小，洞窟墙壁和穹顶原本都雕刻有佛像，有些洞窟里面原本还有佛的塑像，有的还绘有壁画，但是目前佛像都已经荡然无存，壁画仅存少量小块零星残迹。

有些洞窟内之前住着一些穷人，墙壁被做饭和取暖的烟熏得黢黑，对壁画造成了毁灭性破坏。

◎ 从巴米扬大佛头顶的回廊俯瞰巴米扬城

阿富汗考古美术专家邵学成博士告诉我,壁画基本没有保留下来,还有一个重要原因是近代遭人盗割,从20世纪初的西方探险者,一直到20世纪末阿富汗内战期间,都有窃贼大范围盗割这些壁画。

我从靠近西大佛的一侧登上了巴米扬主崖的崖顶,一名塔利班士兵一路陪同我们,不过,他爬的速度太快,一直遥遥领先我们数百米,飞檐走壁一般。他有时沿山崖陡峭的边缘快速向上攀登,有时站在崖壁眺望远方,看得我胆战心惊,总怕他一脚踩空或踩滑跌下山崖。

我多次请阿海德提醒他小心,阿海德淡定地对我说,他在山里打了多年的仗,攀登比这险峻得多的大山都如履平地,而且这几个月来巡逻此地,攀登过这个山崖很多次,他早已轻车熟路,不足为虑。

崖顶修建了排水渠,每年春天到来,山顶的雪水都会融化,通过排水渠流到下面。但是,我看到的排水渠多处被碎石堵塞,这导致有水渗入洞窟,我也在洞窟内看到了因渗水形成的裂痕。

这里降雨量少,山崖上没有任何绿色植被,一片光秃秃的黄褐色。

巴米扬的旅游业原本非常兴旺,但目前基本已经停摆。我住的酒店以前常年客满,如今很少有人入住,房价也大幅跳水。

巴米扬省文化局工作人员哈米德说,往年仅到访巴米扬大佛的游客每天就可达上千,既有来自阿富汗其他各省的,也有来自世界各国的。这些游客的到来,带动了巴米扬的经济发展,给人们提供了工作机会。如今,每天到访巴米扬大佛的游客经常不超过10人,除了少数外国记者,外国游客基本没有。要知道,巴米扬市虽小,但它在阿富汗是一个非常有"国际范儿"、蜚声四海的名城,联合国教科文组织的常驻机构设立于此,欧洲多国以及日本、韩国的文博和考古专家也常年在此活动。上个

◎ 巴米扬一家出售当地特色手工艺品的商店

世纪六七十年代时,欧洲和美国的一些嬉皮士横穿欧亚大陆,当时有"东方瑞士"之称的阿富汗是他们的目的地之一。他们除了喜欢喀布尔,还非常喜欢巴米扬,这儿特有的风光和文化遗产征服了他们,被他们誉为世外桃源。

政权更迭前,在一些国际组织和外国企业的资助下,除了有马拉松比赛和滑雪节等体育赛事,巴米扬更有突出自己特色的风筝节、音乐节、石窟灯光诗歌吟诵、石窟戏剧节等各类文化活动。巴米扬人虽然物质匮乏,但他们是开放的、面向世界的,有丰富的精神世界,乐意与世界各国的友人交流。

"文明因多样而交流,因交流而互鉴,因互鉴而发展。"中华文明海纳百川,开放包容,也吸收借鉴了巴米扬的文明成果。

敦煌研究院研究员张先堂在接受我采访时说,巴米扬石窟是古代丝绸之路上佛教文化艺术经由中亚向我国新疆、敦煌以及河西、中原地区传播的重要节点,对于我国佛教文化艺术的发展产生了重要影响。巴米扬地区和中国西北地区存在很多联系,不仅是大佛造像和美术样式,在石窟建筑、大佛建造工艺、石窟壁画的制作方法等方面都与中国龟兹、敦煌、河西、陇东等地石窟有相似之处。在大佛的制作工艺方面,巴米扬与敦煌、天梯山石窟建造方式类似;在一些壁画制

◎ 巴米扬街头一位老人推着中国品牌的自行车

作工艺和绘制技法上，巴米扬石窟壁画和龟兹石窟壁画更为相似。

邵学成告诉我，我国甘肃省的炳灵寺石窟、榆林窟等洞窟内的多尊大佛，无论是建造年代、制作工艺，还是造像思想，都跟巴米扬大佛极为相似。值得庆幸的是，中国这些石窟都保存较为完好。

这次到巴米扬来，我也希望自己能对保护巴米扬大佛尽点微薄之力。巴米扬省文化和信息局局长赛义夫·拉赫曼说："自从塔利班执政以来，你们是第一家到访巴米扬的国际媒体，感谢你们关注巴米扬的文物保护，希望你们能让世界认识到巴米扬文物保护的现状。"我告诉他，除了做报道以外，我还要为一位中国的学者朋友牵线搭桥。这位朋友曾经来巴米扬考察，他希望早日再来，能对大佛的保护做些工作。"他已经联合了中国一些关心巴米扬大佛的学者组成了一个团体，希望与你们联系，愿意在你们的监督下，远程指导本地文物工作者对大佛进行的保护工作，并愿意提供部分资助。"

拉赫曼表示感谢，并同意双方进行一些合作。我所说的这位学者朋友就是邵学成，他一直关注巴米扬大佛的保护状况。我就自己在巴米扬看到的情况跟他做过交流，比如大佛洞窟遭到破坏，崖顶的排水渠堆积的碎石需要清理等，他感到很痛心，希望能尽快行动起来，保护大佛。

很快，邵学成和一群年轻的中国学者就资助修建了两座简易文物保护工作站，还募集资金雇用工人清理了排水渠。而且，他们还与当地文物保护工作者合作，为巴米扬地区的儿童开设了"馕课"，定期向儿童举办文物保护知识培训，并向前来上课的儿童发放馕。目前，他们依然在努力。星星之火，可以燎原，我相信，那个充满"国际范儿"的巴米扬终究会回来。

第三十八章
尖叫之城

巴米扬大佛数公里之外的一个山坡上,坐落着一个尽是断壁残垣的古城遗址,高鲁高拉古城。比起举世闻名的巴米扬大佛,同为世界文化遗产的高鲁高拉古城却不为人熟知。

高鲁高拉古城存续于公元6到13世纪,自8世纪佛教在巴米扬衰落后,这座古城历经数个伊斯兰王朝统治,成为已经伊斯兰化的巴米扬的中心。

13世纪初的阿富汗是花剌子模王国疆域的一部分。1218年,花剌子模王国出兵讨伐巴格达,成吉思汗乘虚而入,率20万蒙古骑兵占领花剌子模东部,并于1220年占领中亚,从而进入阿富汗。花剌子模王国统治者扎兰丁组织军事力量抵抗蒙古骑兵。

1221年蒙古大军进攻巴米扬时,成吉思汗的外孙穆图根被巴米扬人杀死,成吉思汗遂对巴米扬屠城加以报复,城中的人和牲畜均被杀光。巴米扬城化为断壁残垣和一片瓦砾,当地军民遇害时的惨叫声响彻整个巴米扬山谷,这座古城也因此得名"尖叫之城"。

陪同我访问古城的向导阿海德跟我说,当地有一个传说:高鲁高拉古城固若金汤,蒙古大军久攻不下,但是,堡垒最容易从内部攻破——扎兰丁的女儿对于自己的父亲新娶了来自加兹尼的公主表示愤怒，住在高鲁高拉古城附近的她勾结了蒙古大军的统帅，表示愿意归降。蒙古军统帅答应娶她为妻，她则透露了入城的秘密通道，但蒙古军统帅破城后背信弃义，杀害了扎兰丁的女儿。

按照当地人的说法，如今登上高鲁高拉古城，甚至依然能听到凄惨的尖叫之声。行走在古城之上，我虽然没有听到尖叫之声，却看到地面上三三两两散落着的白骨。

阿海德告诉我，这些白骨有可能是人骨，是被劫匪和盗贼从储存文物的储藏室扔出来的。古城上面有几间房屋被改造为存放文物的储藏室，打开门后，里面一片狼藉，有一间屋子里地面上全是被砸碎的陶器碎片；另一间则是散乱的骨骸，原本存放骨骸的标有序号的袋子显然被踩踏过，扔得满地都是。这些骨骸有些是人的，有些是动物的。阿海德说，巴米扬省政府已经计划寻求专家帮助重新整理这些文物。

不知道这些骨骸是不是当年蒙古大军屠城时留下的，还是来自更久远的历史时代，或者相反，来自蒙古人征服之后的时代，毕竟这块土地一直饱经战乱侵袭。

从古城往下走时，我们碰到了两拨塔利班人员，第一拨是前来巡逻的武装人员，照例询问了我们从哪儿来，此行目的为何。第二拨碰到了阿富汗临时政府卫生部副部长阿卜杜勒·萨塔尔·塞哈特。他的经历也算传奇，他曾在塔利班第一次执政时担任卫生部长。

得知我是中国记者后，塞哈特非常热情地邀请我回喀布尔后去他办公室，他说现在阿富汗的局势已经平稳，可以安全前往阿富汗任何地方采访,他相信各地的塔利班官员都会欢迎我们前往采访。

他表示中国媒体的报道是客观真实的,而不像一些西方媒体,对塔利班取得的成就视而不见,反而是歪曲和妖魔化塔利班甚至是阿富汗民众。简单交谈几句后我们便道别,只是没有想到我们那么有缘,很快再次见到。

说到媒体,其实塔利班对于媒体尤其是社交媒体的作用有着非常清醒的认识,我见到的基层塔利班士兵都有智能手机,他们对于社交媒体也并不陌生。塔利班2021年8月进入喀布尔后,最初对一些地方的管控相对宽松,大家可以自由探访,但是随着时间推移,他们的态度有所改变,前往很多地方都需要经过政府部门的审批,尤其不得随意拍摄视频。这大概与社交媒体上流传的批判甚至嘲讽他们的视频有关。

◎ 在尖叫之城与塔利班士兵合影

蒙古大军的攻伐给阿富汗带来了深重灾难，包括巴米扬在内的诸多城市成为废墟。关于蒙古征服阿富汗以及中亚和西亚地区，13世纪的波斯历史学家志费尼写道："这片欣欣向荣之地在蒙古大军杀戮之下，杳无人烟，肥沃的土地成为荒漠，生灵惨遭涂炭，他们的身躯和骨骼被碾压成尘土。"

在被破坏的城市中，蒙古征服者实行了移民政策，将大量蒙古人迁移过来，大量蒙古军队也驻扎在这些地方。有学者认为，这些蒙古移民和军人与当地人通婚，后代就是哈扎拉人，他们具有显著的东亚人特征。

如今，行走在巴米扬街头，会看到相貌酷似中国人的当地居民，与其他阿富汗人相貌差别很大，非常容易辨认。特别是一些老年人，看上去跟中国老人别无二致。

巴米扬女大学生莎比拉告诉我，她在中亚国家留学期间，大部分同学最初都认为她来自中国，因为觉得她长得跟中国人一样。她毫不在意，并表示自己很喜欢中国，希望以后有机会去中国看一看。

巴米扬市虽说是巴米扬省的省会，但是它的规模和国内的一个小镇差不多。长约一两公里的商业街是巴米扬市最繁华的地段，街上的商铺出售各类生活用品，饭店、银行、药店等也都开在这条街上。

商业街的背后就是雄壮的兴都库什山，从商业街走出来就是农田。很多巴米扬民众就在这条街上讨生活，包括儿童，14岁的穆罕默德就是其中一员，他和一帮小伙伴都是在街头靠给别人祈福赚钱。

他们每人手中都拿着一个罐子，罐子里面装着一些阿富汗本

◎ 巴米扬城最繁华的商业街
◎ 采访巴米扬街头赚钱养家的孩子
◎ 在巴米扬一家餐馆用餐

地的草药。将草药点燃后,会产生熏香,他们就手持罐子将熏香绕顾客一周。阿富汗人相信这种熏香具有驱邪除病的作用,所以会给这些儿童一些报酬。

穆罕默德对我说:"我们家有12口人,爸爸没固定工作,大概10天也就有一天能找到活干。现在食用油大幅涨价,以前一公斤70阿尼,现在涨到了140阿尼。我一天最多时能赚七八十阿尼,经常赚不到钱。我们家一天就吃一顿饭。"

迈赫迪也是童工,与穆罕默德同龄,同样面黄肌瘦、衣衫褴褛:"家里太穷了,我辍学了,出来赚钱,运气好的时候一天最多赚100阿尼,但有时候一分钱也赚不到。爸爸是残疾人,我和哥哥赚钱养家,我们家经常一天只吃一顿饭。今天在街上半天了,赚到了20阿尼。"

穆罕默德和迈赫迪是阿富汗儿童生存情况的缩影。"救助儿童会"2022年2月发布的一份报告显示,80%的阿富汗家庭自2021年8月份以来收入下降,其中1/4的家庭失去超过一半的收入，1/3的家庭失去所有收入，18%的家庭被迫让儿童外出工作。联合国儿童基金会也表示，有1300万阿富汉儿童亟须帮助。

不只是儿童赚钱艰难。在巴米扬街头打短工的60岁的哈比布拉说："我在街头做苦力，如果能找到活儿，每天能赚150—200阿尼，但经常两三天找不到活儿干。物价一直在上涨，穷人都没钱买东西。"

在去省政府采访巴米扬省长的途中，我看到了一片农田中停放着几辆破旧的废弃坦克，其中一辆涂成了鲜艳的红色，非常显眼。这些坦克是当年苏联军队入侵阿富汗留下来的。

快抵达省政府时，又看到一处空地上停放了多辆类型不一的美国军车，大概是因为出了故障，集中停放。

巴米扬省长阿卜杜拉·萨尔哈迪见我戴着N95口罩，笑笑对我说："我们打跑了美国人，新冠病毒也跟美国人一块儿败退了。战争已经结束，包括巴米扬在内的整个阿富汗都是安全的。"他表示，省政府现在的

◎ 巴米扬田野中废弃的坦克

◎ 在田中耕作的巴米扬农民

重点工作是发展经济。

离开省政府时已是黄昏，残阳照射下的巴米扬城，又增添了几分悲壮的底色。屹立千余年的大佛既见证了蒙古铁骑汹汹来袭、血染黄沙的场景，也见证了近现代巴米扬民众在多次残酷战争中流离失所，死于非命。如今阿富汗境内战事终结，唯愿大佛未来不再见证战争与杀戮，唯愿和平能够持久降临阿富汗。

第三十九章
班达米尔湖

从巴米扬市区出发,前往班达米尔湖,沿途路况良好,海拔不断升高,公路两侧就是茫茫戈壁和高耸的雪山,有些云层很低,与山顶的雪相接,浑然一体。

约一个小时便抵达了班达米尔湖国家公园大门,此处的海拔由巴米扬市区的2500米升高至3500米左右。

班达米尔湖国家公园设立于2009年,是阿富汗第一个国家公园,面积约有613平方公里。

进入公园,向前开了不到一公里,便无法继续前行。因为通往湖区的道路都是土路,此时路面上全是积雪,下方的土路处在冰冻状态,继续前行的话车辆容易陷进去。

无奈之下,我们只好退出公园大门,从另外一条比较远的路前往湖区。这条路两侧依然是戈壁,更远处的大山全是枯黄色,路上偶尔会零星地碰到村民,有的还赶着驴,看到我们会向我们热情招手。

途经一个小村庄,在茫茫大山和戈壁之中,零星分布着十几座土房子,房门是简易的木门,其中一座的房顶上还有一块儿太阳能板,或许是发电用的——这些房子附近并没有高压电塔等基

◎ 从巴米扬城前往班达米尔湖途中遇到的村庄和村民

础设施，想必是不通电的。

村庄的公共区域有一个压水井，有些房子低矮的墙上还有晾晒的牛粪，这是村民的燃料。

一所房子的院墙外，4个男人在聊天，他们身旁有一头黑牛。我们停车向他们问路，由于高海拔，紫外线强烈，他们全都皮肤黝黑，面色沧桑。虽然已经是3月中旬，但是这里依然寒风凛冽，气温很低，其中一个人脚上竟然还穿着凉鞋。他们为我们指了路，向我们投来好奇目光。

路上有时会碰到村民赶着羊群、牛群或驴群，它们悠闲地啃食着地上的枯草。途中看到一位妇女，双手拎着取水的塑料桶，头顶一个大铝盆，盆里放着水桶、锅和小盆儿。她是去附近的河边取水，顺便洗一下锅。

她没有穿罩袍，头戴黄色头巾，穿深褐色上衣、蓝色裙子，手中的桶是黄色的，头顶的桶是红色的，在一片土黄色的戈壁和白茫茫的雪山之间，让人眼前一亮。

河滩中生长着茂盛的草本植物，有些长到一人多高。住在班达米尔湖附近的这些村民会在河滩中放牧，饲养牛、羊和驴是他们的主要生计。游客比较多的时候，他们会向游客出售牛奶和羊奶，还会出售自家的牛羊。

此外，还有人在景区中卖纪念品，有人在通往巴米扬市的道路旁的小镇上开小商店。即使这样，生活对他们来说也是异常艰辛。

往深处走，水渐渐多了起来，开始出现浅蓝色的湖，但这些湖还不是班达米尔湖。

两个小时的车程后，终于抵达班达米尔湖，这里的海拔也已经降至3000米左右。

虽然湖区距离巴米扬城只有约80公里，但此行前来，可谓不容易：有的路段积雪融化，泥泞不堪，无比颠簸；有的路段沙石遍地，尘土飞扬；有些路段非常狭窄，而路的另外一侧就是山谷，须谨慎驾驶。

或许是因为沿途景色已经让我沉醉——苍穹寥廓，时而

◎ 从巴米扬城前往班达米尔湖沿途的商店（上图），商店售卖的商品以零食为主（下图）

◎ 冬季冰封的班达米尔湖

伴着飞云荡雾；雄壮大山险峻挺拔、延绵不断，有的好似披着白雪的大氅；而河滩水草丰茂，牛羊漫步其间，给人悠闲自得之感——我第一眼看到班达米尔湖时，不像很多人第一次看到它时那么激动。当时的感受可以用苏东坡的《观潮》来形容：庐山烟雨浙江潮，未至千般恨不消，到得还来别无事，庐山烟雨浙江潮。

群山环抱中的班达米尔湖呈冰封状态，湖面宛如蔚蓝色的宝石，在萧瑟寒风和蓝天白云的映衬下，有一种凄冷的美。

班达米尔湖是由一连串6个湖组成的湖群，最大的直径6.5千米，最小的直径约100米，最深的一个湖直径约为150米。湖水来自地层中渗出的富含矿物质的水，这些湖也由一种石灰岩形成的天然堤坝分隔开来。

不过，当地人传说，这6个湖是由伊斯兰教史上第四任哈里发、伊斯兰教先知穆罕默德的堂弟兼女婿阿里通过神力创造的。伊斯兰教中第一大派为逊尼派，第二大派别为什叶派，占阿富汗人口约10%的哈扎拉人信奉什叶派，而普什图人、塔吉克人等大部分穆斯林信奉逊尼派。

"什叶"系阿拉伯语音译，原意为"追随者""同党"，为伊斯兰教内所有承认拥护阿里及其直系后裔为先知穆罕默德合法继承人的诸多派别的统称。

由于什叶派穆斯林非常尊崇阿里，在巴米扬有很多关于阿里的传说。例如，巴米扬山谷中出现过一条吃人和牲畜的恶龙，而阿里降临巴米扬为民除害，把这条恶龙从头至尾砍成两半。如今的巴米扬有一处景点叫作龙谷，在一座山上，长长的山脊中间有一条巨大的裂缝，当地人说这是当年被阿里斩杀的恶龙幻化成的。

景区的游人寥寥无几，其中还有几名塔利班武装人员，这少数几个游客兴致倒是很高，开心地在湖边合影、自拍。

2021年9月，社交媒体上流传过几张塔利班武装人员手持武器在班达米尔湖上乘坐游船的图片。当时他们刚控制巴米扬没多久，整个湖区只有这些塔利班士兵，有人甚至调侃

◎ 阿卜杜勒·萨塔尔·塞哈特带领随从帮助我们推车

他们是"塔利班海军"。

在喀布尔开旅行社的穆斯塔法带了几个客人过来玩儿，他告诉我："我带客人来过好多次班达米尔湖，以前这儿熙熙攘攘，冬天还会组织滑雪比赛，从来没有像现在这么冷清过。"

向导阿海德说，即使前政府时期阿富汗处于战争状态时，全国各地的游客也都会慕名前来。现在的经济形势太差了，阿富汗人没有钱出来旅行。

在从班达米尔湖回巴米扬市途中，经过一处泥泞不堪的路段时，我们的车轮不幸陷入淤泥，动弹不得。当地民众路过，借给我们一把铁锹，我们从附近挖土，填到车轮下方和前方，试图将车开出来，但依然不行。

一筹莫展之际，对面开来几辆越野车，率先走下来的正是我们前一天在高鲁高拉古城碰到的阿富汗临时政府卫生部副部长阿卜杜勒·萨塔尔·塞哈特，他看到我们的窘境，立马身先士卒帮我们推车。他的随从人员也纷纷过来推车。人多力量大，在他们的帮助下，我们的车顺利从淤泥中开出。

他没有任何官架子，没有一秒的犹豫便直奔过来帮忙，让我非常感动。他跟我说，这只是小事儿，很高兴能够帮助自己的朋友，中国给阿富汗人民提供了巨大帮助，阿富汗人民铭记于心。

他说这话时非常自然，仿佛我们是认识已久的老友。虽然耳畔寒风呼啸，我却感受到了真心和暖意。

第四十章
地雷博物馆

阿富汗首都喀布尔有一家独特的博物馆——地雷博物馆。这是一家私营博物馆，和阿富汗著名的电视台沙姆沙德电视台同在一个院子。

出于安全考虑，博物馆并不对外开放，如果想参观，必须提前预约。2017年11月7日，沙姆沙德电视台遭"伊斯兰国"组织武装分子袭击，造成22人伤亡。当时，两名武装分子伪装成安全人员冲入电视台办公楼内，朝工作人员射击，与电视台保安交火。

媒体成为恐怖袭击目标在阿富汗并不罕见，同样是2017年，阿富汗国家电视台位于东部楠格哈尔省首府贾拉拉巴德的办公楼也曾遭"伊斯兰国"组织袭击，至少4名电视台员工身亡。

这家博物馆之所以和沙姆沙德电视台处于同一个院子，是因为这家私营电视台的老板创立了这家地雷博物馆。1994年成立以来，这家博物馆共接待了超过两万名的参观者。

经过严密安检后，走进绿树成荫的院子，仿佛来到一座小型战争博物馆，各种样式锈迹斑斑的老旧战斗机、坦克、导弹等武

◎ 地雷博物馆院子内展示的废旧战机

器装备陈列在院子中的草坪上，它们都是博物馆从阿富汗各地搜集来的，绝大多数都是苏联遗留的装备。

经过40多年战乱，阿富汗多地都散落着各种废弃军车、大炮甚至是战机，它们大多都是苏联人丢弃的，也有一些是美军和阿富汗前政府去年败退后丢弃的。当地人早就对这些东西熟视无睹，殊不知它们已成为世界强国在此折戟沉沙的最直观证明。

院子里有一座铁皮房顶的平房，各式各样的炮弹靠着外墙摆放。这座房子就是地雷博物馆的展厅，里面的展示柜里陈列着形状不一、大小各异、产自多个国家的地雷。

昏暗的灯光让展厅的气氛更显压抑。地雷琳琅满目，大的犹如小汽车的轮胎，小的就如蝴蝶结大小。除了地雷外，展厅里还展出一些枪支、火箭弹发射器、火箭弹等多种武器。

形状像蝴蝶的小型地雷，被称为"蝴蝶雷"，在阿富汗战争期间被交战各方广泛使用。

蝴蝶雷总重仅20克、长7.5厘米、宽4.5厘米，内部装有雷管和炸药，两侧是类似于蝴蝶翅膀的塑料翼。这种雷成本低廉、体积小巧，可以通过飞机向地面大量抛撒。

蝴蝶雷一般并不致命，受害者通常被炸成残疾，苏联入侵阿富汗期间投放的大部分蝴蝶雷，被指责是为了炸伤儿童，从而打击阿富汗民众的反抗意志。在持有这种观点的阿富汗人看来，儿童受伤后，父母不得不拿出相当大的精力照顾受伤子女，无心对抗苏联；而苏联如果用杀伤力更大的地雷炸死儿童，反倒会激起他们父辈的反抗斗志。

不管这种观点有没有道理，在现实中，的确很多儿童会把蝴蝶雷误认为玩具，从而引发爆炸，造成悲剧。在地雷展示柜的上方挂的受害者照片中，有的儿童手指被炸掉、眼睛被炸瞎，有的则被炸断腿。蝴蝶雷也因此被称为"死亡玩具"。

在苏联入侵阿富汗期间，有数十万枚蝴蝶雷被投放到阿富汗，包括大量儿童在内的数万人成为受害者。

博物馆负责人穆罕默丁·塔拉希勒对我说，地雷博物馆最直观体现了战乱带给阿富汗人民的苦难。在战争中毁掉的建筑还可以重建，但是被地雷残害的生命却不能死而复生。被地雷炸伤的受害者，不仅身体残疾，心灵也遭受创伤。

他说："博物馆代表了一个国家的文化遗产，是理解一个国家最好的窗口。而我们这家博物馆展出的却是多个国家送给我们的各种各样令人哀伤的礼物，一种隐形敌人——地雷。"在常年战乱中，交战各方在阿富汗总共使用了53种地雷，地雷博物馆

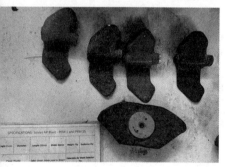

◎ 地雷博物馆展厅内展示的地雷、迫击炮弹、蝴蝶雷

中展出了51种。

塔拉希勒在管理地雷博物馆之前，在排雷一线工作了十多年，他告诉我，排雷是一件非常危险的工作，稍有不慎就会发生意外，在地雷爆炸事故中受伤甚至是死亡。他有多名并肩作战的排雷战友就在工作中殉职。其中，最令他气愤的是，他有7名遇难的战友并非死于排雷引发的事故，而是完成排雷任务后，在返回喀布尔的路上遭遇身份不明的武装分子袭击后遇难。

塔拉希勒说，不认识的地雷或炸弹最具迷惑性，会造成严重伤害。他向我展示了一种炸弹，边展示边说，美国跟塔利班作战时，投放了一些个头不太大的明黄色的炸弹，阿富汗民众都没有见过，连很多排雷组织起初也不认识它们，很多儿童甚至成年人在农田或路边捡拾到这种炸弹，结果酿成多起悲剧。

塔拉希勒说，排雷组织在阿富汗各地排雷时，会对当地民众尤其是儿童进行安全教育，他们会在地雷密布的区域做好红色标记，告诉当地民众不要踏足，而用蓝色标记的区域则是没有地雷的，是安全的。

据统计，1979年以来，共有40多万阿富汗人被地雷夺走生命，另有40多万人因地雷爆炸造成肢体残疾，13%的阿富汗家庭中有人因地雷或死或伤。

阿富汗很多适合耕作的土地也布满了地雷，严重影响到部分地区的农业生产，对本就无法自给自足的阿富汗来说，无异于雪上加霜。

根据阿富汗灾害管理部的数据，时至今日，地雷依然每个月造成120名阿富汗人死伤。国际组织和阿富汗国内的排雷组织近几十年来一直在阿富汗排雷，不过，灾害管理部表示，清除阿富汗境内的地雷还需要7—8年的时间。

博物馆展厅阴暗压抑，走出展厅，院子里阳光明媚。那些矗立在草坪之上、被鲜花和绿植包围的飞机和坦克，早已没有了威胁性，如今更像是院子中的装饰品。

第四十一章
喀布尔的瘾君子

5月的喀布尔,浮云轻柔,微风荡漾。双剑王清真寺旁喀布尔河干涸的河床上,几只流浪狗横七竖八地躺着,它们身边满是废纸、柴草、破布、塑料瓶,不远处还有排放到河道里的生活污水,但是这些狗看起来对这么恶劣的环境毫不在意,似乎很闲适地躺在河床上小憩。

仔细端详会发现,它们其实都无精打采。顺着这些狗看过去,在靠近河岸的河床上,在沙希德·法洪达纪念碑的底座下面的阴凉处,蹲着几个无精打采的人,在某种意义上,他们是这些流浪狗的主人。他们都是吸毒者。这些狗之所以看上去没有活力,毫不欢实,是因为它们也是毒品的受害者。天气寒冷的时候,他们要抱着狗取暖,为了不让狗离开他们,他们就会给狗喂食毒品。

喀布尔城的很多地方都能见到这种瘾君子,公园、桥下和山坡上都是他们的聚集地。离分社5分钟车程的一个城市公园,虽然地处熙熙攘攘的商业区,但总能看到至少十来个瘾君子聚集在公园墙根儿下吸毒。他们大多精神萎靡,有些甚至形容枯槁,毫无生气,每次从他们身边经过,都会感觉到他们警惕的目光。

第四十一章 喀布尔的瘾君子

每年的四五月份,在阿富汗的很多省份,成片的罂粟田便成了红色、紫色和白色的海洋。这些艳丽的罂粟花漂亮、壮观,但正是它们结下的邪恶果实,使他们成了瘾君子。

据阿富汗媒体报道,阿富汗吸毒者超过300万人,一部分是对生活失去希望的自暴自弃者,此外还有大量对毒品存在不正确认知的人。很多人将鸦片等毒品视为药物,认为它能治疗多种疾病,在阿富汗一些偏远的农村地区,它甚至是唯一的病痛缓解良药。

分社员工阿里亚的家乡在北部的朱兹詹省,他特别自豪地跟我说:"我的家乡是乌兹别克族聚居区,乌兹别克族有一项特别出名的手艺,就是编织地毯。伊朗的地毯在世界上特别有名,但是我老家的地毯无论是质量还是精美程度都能跟伊朗地毯媲美。乌兹别克族编织的地毯品质优良,是阿富汗的著名特产,出口到很多国家。"

◎ 喀布尔河床遍布垃圾,其间可见吸毒者和流浪狗

我说:"确实,以前很多西方人在离开阿富汗时都会买地毯带回去。但是,塔利班执政后,大量外国人离开了阿富汗,现在出国的国际航班也没开通,这些地毯从业者的生意肯定也是一落

千丈。"

阿里亚对此表示同意："地毯产业是我老家的重要经济支柱，也是当地人主要的收入来源，希望局势能慢慢好转，外贸能够重新启动。不过，说起来，手工编织地毯是一项苦活，干久了会很疲劳，为了提高工作效率，也为了缓解长时间编织地毯导致的腰酸背痛，我老家那儿很多编织地毯的妇女都会吸食毒品。"

我很惊讶："她们不知道这对身体不好吗？"

"她们知道，但这些妇女不是一般意义上的瘾君子，她们不是刻意吸毒，而是为了保持良好的精力多干活，多赚钱，她们顾不上毒品会对身体造成危害。有些妇女在干活儿时，没有精力照顾孩子，为了防止孩子哭闹，她们也会给小孩子喂一点，让孩子保持安静。多少年来，她们都是这么过来的，并不把这当回事儿。"

"她们哪来的钱买毒品？"

"都不是高级毒品，本土生产的廉价毒品，花不了多少钱。而且不少阿富汗穷人都把毒品当成药看待，用来缓解病痛。"

最近20年来，阿富汗成为世界上最大的鸦片生产国。根据阿富汗前政府公布的数据，2020年，阿富汗鸦片产量6300吨，约占全世界总产量的90%。在阿富汗，约50万人从事鸦片种植、加工和走私活动。

塔利班上台后，2022年4月3日以最高领导人阿洪扎达的名义发布法令，在阿富汗全境禁止一切鸦片种植和贸易。法令发布后，阿富汗临时政府在全国采取行动，捣毁了各地的罂粟田，并四处抓捕毒贩，查收毒品。当局还将瘾君子强制送往戒毒中心，治疗一段时间后，会放他们回归社会。很多瘾君子被放出来之后不久会复吸，这也是我在喀布尔街头多次看到瘾君子的原因。

经历了40多年战乱，阿富汗没有强有力的中央政府，权力结构分散，地方军阀、武装团体各自为政，经济体系落后，而种植和向国外走私鸦片成为有利可图的一大产业。甚至有观点指出，种植和走私鸦片也是执政之前的塔利班的一大收入来源。

但是在20世纪60年代之前，阿富汗鸦片产量很低。英国学者乔纳森·L.李在《阿富汗：冲突与动荡800年》中提出，阿富汗大麻和鸦片种植迅速增加，起源于20世纪60年代末期开始涌入的数千名美国和欧洲嬉皮士。美国驻阿富汗大使诺依曼称这些嬉皮士为"毒品成瘾的怪胎"，他们通过阿富汗前往印度，阿富汗是"嬉皮士之路"上的旅行者的必经之路，他们认为阿富汗可以种出世界上最好的大麻和鸦片。正是由于这些嬉皮士的到来，阿富汗人迅速增加大麻和罂粟的种植，以满足他们的消费需求。由于收益更高，大量阿富汗农民多改种罂粟。很快，阿富汗的鸦片就出现在美国和欧洲的黑市。

无论这一观点是否正确，不可否认的是，20世纪70年代后，毒品问题在阿富汗愈演愈烈。1979年苏联入侵阿富汗后，美国支持阿富汗的一些武装组织同苏联作战，而帮助这些武装组织通过鸦片贸易赚钱，是美国中央情报局向它们提供支持的方式之一。美国威斯康星大学麦迪逊分校教授阿尔弗雷德·麦科伊指出：20世纪70年代末，阿富汗鸦片年均产量为100吨，在中情局介入下，十年后的1989年，阿富汗鸦片年产量已达2000吨，约占当时全球鸦片贸易量的75%。

1989年苏联撤军后，阿富汗陷入内战，很多地方军阀都把鸦片产业作为经济来源之一。1996年塔利班上台执政初期并没有禁止种植鸦片，2000年，由于阿富汗严重干旱，粮食供应不足，塔利班才发起了打击毒品的行动，塔利班发布的鸦片种植禁令，取得巨大成效，2001年，鸦片产量仅为185吨。

但是，美国2001年出兵阿富汗后，形势开始变化，鸦片种植和毒品交易死灰复燃，弱政府控制下，很多实力派军阀甚至政府官员都从事鸦片生产和走私活动，获得了丰厚的利润。

常年战乱导致阿富汗经济萧条，尤其在农村地区，大量农民缺乏收入来源，便走上了种植鸦片的道路。此时的美国和北约为了拉拢地方实力派军阀和阿富汗政府对抗塔利班，对军阀和政府官员从事鸦片产业采取了默许、纵容的态度，甚至还保护他们的罂粟田。鸦片产业也是与政府军持续作战的塔利班重要的财政来源之一。

这种纵容其实也反噬了西方国家。生长在阿富汗的罂粟，最终制成毒品出现在了欧洲国家甚至是美国的街头，成为这些国家的社会问题。

当然，最大的受害者还是阿富汗人。除了大量吸毒者，种植罂粟多年的农民也是受害者。塔利班当局铲除罂粟，冲击了这些农民的生计，不过政府也在想办法，指导他们改种包括草莓和鲜花在内的其他作物。

阿富汗百废待兴，仅依靠自己的力量很难迅速彻底解决毒品泛滥问题，如果国际社会，尤其是美国和西方国家能够伸出援手帮助阿富汗"戒掉毒瘾"，也会对欧美国家解决本国毒品问题有所助益。

第四十二章
苏联在喀布尔留下的痕迹

60岁出头的阿卜杜勒·哈利姆对我说,他很怀念"那个"时代。

我后来在喀布尔的地雷博物馆见到了他所怀念的"那个"时代的一件遗物——一辆保存完好的黑色奔驰轿车。

这辆轿车的前主人是阿富汗人民民主党最后一任总统纳吉布拉,可以说,它见证了阿富汗民主共和国的覆灭,也见证了一个时代在阿富汗的终结。

这个亲苏联的阿富汗民主共和国治下的时代,就是哈利姆怀念的时代。

1992年3月,在国内各派反政府武装的打击下,内外交困的纳吉布拉辞去总统职务。试图逃离阿富汗未果后,进入联合国驻喀布尔的办事机构

◎ 地雷博物馆展厅内的阿富汗前领导人纳吉布拉的专车

避难。由反对苏联的武装组织演化成的各派反政府武装和组织达成妥协，于4月28日宣布成立阿富汗伊斯兰共和国并组建政府，然而这个政府一盘散沙，阿富汗进入拥兵自重的军阀混战时代。1992年才成立的塔利班经过四年混战，出人意料地胜出，入主喀布尔后即闯入联合国办事处，抓获并处决了纳吉布拉，将他和他弟弟的尸体一同悬挂在十字路口，示众多日。

分社员工法里德对这件事印象深刻："我永远都不会忘记当时的场景，那时候我只有十几岁，大家都跑到街上去看被吊起来的纳吉布拉，我也抱着看热闹的心态跑去看。太可怕了，在被处决之前，纳吉布拉受过虐待，被汽车拖行过。当时在我旁边有一位女士，是在国际机构工作的外国人，她看到被吊起来的尸体后直接吐了。"

消失了四年之久的人民民主党末代统治者纳吉布拉，再次露面却是以这种形式。当年的经历也让法里德这样的市民在2021年8月塔利班再次进入喀布尔时心生恐惧。

人民民主党登上历史舞台

人民民主党时代与苏联密不可分。上个世纪五六十年代，很多从苏联归来的留学生和受训归来的军官，开始在阿富汗传播马克思主义。以此为基础，1965年，以记者努尔·穆罕默迪·塔拉基为首的一批人在喀布尔创建了马克思主义政党——阿富汗人民民主党，1967年该党分裂为两大派，一派是塔拉基领导的人民派，另一派是卡尔迈勒领导的旗帜派。许多教师、官员和军人都加入了人民民主党。

1977年7月苏联促成两派重新联合，1978年阿富汗总统达乌德开始镇压人民民主党。人民民主党不愿任人宰割，当年4月28日发动政变，在总统府官邸逮捕了达乌德，并将其及家人处决。政变成功后，阿富汗民主共和国成立，塔拉基出任革委会主席兼总理，旗帜派的卡尔迈勒担任革委会副主席兼第一副总理。

苏联迅速承认了阿富汗新政权，并签署了合作条约，向阿富汗提供援助。

1978年6月，塔拉基清洗了党内的旗帜派要员，任命卡尔迈勒为驻捷克斯洛伐克大使，并于11月将其开除出党。卡尔迈勒流亡苏联。成为二号人物的副总理阿明在1978年底表示，人民民主党的目标是建立一个完全的社会主义国家。

人民民主党政府大刀阔斧推行了很多激进改革，虽然初衷是好的，但是改革脱离阿富汗国情，不顾阿富汗的传统社会习俗和社会经济状况，不仅水土不服，还遭到多方强烈抵制。例如，土改没收地主土地，分配给佃户和无地农民，不但触及了占有大片土地的部落上层的利益，也触及拥有大量土地的清真寺的利益，因此遭到强烈抵制，而且，分散的农户没有管理和分配水资源的机制，改革实际上导致了农产品产量下滑。再如，取消以土地为抵押的借贷制度，本意是照顾农民，但导致农民无处借款，无力购买种子、肥料、农具，也无财力婚丧嫁娶。

人民民主党政权还扩大化地镇压反革命分子，也导致社会恐慌，引发了各地的反抗运动。

阿富汗多个阶层都爆发了反对人民民主党政权的起义，他们反对新政权的亲苏外交和激进的社会经济改革。反政府的武装斗争波及全国一半省份。

随着局势恶化，塔拉基和阿明因路线不同，矛盾深化。1979年9月，阿明在斗争中胜出，将塔拉基处决，而阿明不愿接受苏联控制，缓和同美国以及周边国家关系，惹恼了苏联。苏联认为曾在美国留学的阿明会倒向美国，而且阿明在内政方面继续推进过激政策，遭到更大反抗，政权岌岌可危。与此同时，苏联也担心人民民主党政权被宗教激进主义政权取代，危及中亚地区。

苏联时代

为了控制阿富汗，苏联于1979年12月出兵阿富汗。12月27日，苏联人占领了阿明躲藏的达鲁阿曼宫，将其及家人处决。苏联扶植了人民民主党旗帜派领导人卡尔迈勒出任总统，但大多数阿富汗人视他为苏联傀儡。

从苏联入侵阿富汗起，阿富汗国内反对苏联的抵抗运动就没断过，美国也向各派抵抗力量提供武器和资金。阿富汗国内形势不断恶化，苏联越来越无力负担军事行动和维持人民民主党政权的经济投入，1986年5月，为了挽回局面，苏联抛弃了卡尔迈勒，扶植情报机构负责人纳吉布拉出任革委会主席。卡尔迈勒同年11月流亡苏联，并于十年后客死异乡。但是换人也无益于控制阿富汗，在付出巨大代价后，苏联于1988年春开始撤军，到1989年2月完全撤离。

纳吉布拉政权又维持了三年，这也主要仰赖苏联撤军后继续提供的武器和金钱。1991年末，苏联解体，经济困难的俄罗斯切断了对阿富汗政府的援助，摇摇欲坠的纳吉布拉勉力支撑到1992年3月，宣布辞职。

在苏联入侵期间，人民民主党政权实际上被苏联控制，国家经济遭到严重破坏，农业产量大幅下降，工厂大量倒闭，农民纷纷涌入城市，成为流离失所者，还有数百万人流亡邻国巴基斯坦和伊朗。

但是在哈利姆眼中，人民民主党执政时期显然没有那么糟糕，他对我说，当时的政府官员非常清廉，很多高官就住在喀布尔公寓中，房子不大也不奢华，不像美国扶植的政权，大量官僚极为腐败，很多高官家人都在国外。他还称赞人民民主党政权实施的改革措施都是进步的，比如土地改革，倡导男女平等，消灭文盲，鼓励女孩儿接受教育，而且在苏联的帮助下，政府还发展了很多工业项目。

他也承认，自己是那个年代的幸运儿，他拿到了政府提供的奖学金，被送到苏联留学，获得了工程学硕士学位。

赫鲁晓夫楼

那个年代或许没有哈利姆回忆中的那么美好，但绝不比后来的年代更坏。尤其是1992年纳吉布拉政权倒台后，阿富汗进入军阀混战状态，社会无序，连首都喀布尔都成为战场，大半个城市在各路军阀混战中沦为焦土。我想，这种强烈的对比可能也是哈利姆怀念苏联时代的原因之一。

法里德谈起1992年的景象也是心有余悸。当时的喀布尔，已经完全没有了秩序与法律，各路军阀随意杀人，很多人的房子被洗劫一空甚至被抢占，他根本没法去上学，出门有可能碰到各路武装人员交火。法里德说："最可怕的是火箭弹袭击，尤其是希克马蒂亚尔发动了大规模的火箭弹袭击,那段时间每天都能听到火箭弹在空中飞过的声音,每天都有火箭弹击中民宅,很多人当然死于非命。"

在从阿富汗撤军30多年后,在我看来,苏联人在喀布尔留下的最重要的痕迹应该是坐落在喀布尔市中心、位于使馆区附近的一片居民小区。

这片苏联式小区最初修建于20世纪60年代,人民民主党执政时期又进行了扩建。当时政府官员、大学教授等精英人士住在这些小区中。这片居民小区是当时的高档小区,而且是喀布尔仅有的有集中供暖和供水的小区,小区内还有商店和娱乐设施。高级官员住在这个小区也被哈利姆视为清廉的表现,但是当时这可是喀布尔最好的小区,小区里6层的楼房也是喀布尔当时的天际线。

小区中方方正正的苏联式建筑,被称为赫鲁晓夫楼,这类建筑今天在中国一些老工业基地依然存在,已经成为人们眼中的"老破小"。但是在喀布尔,这个老旧小区依然是喀布尔中产阶层的居所。当然,现在喀布尔的天际线早已经不是这些楼房了。自从美国2001年出兵阿富汗后,国际社会向阿富汗提供了大量援助,阿富汗也出现了建筑热潮,盖起了高达一二十层的公寓楼,它们构成了喀布尔新的天际线。

◎ 喀布尔苏联时期援建的面包厂,废弃已久

第四十三章
塔利班的枪口对准了我

2022年5月22日，在通往喀布尔国际机场的机场路，一名身着迷彩服的塔利班武装人员一边大喊着停车，一边举着手中的突击步枪，将枪口对准我们，快步走了过来；同时，另一名身着便服的塔利班人员拿着一把手枪，也边瞄向我们边走了过来。

当时路段极为拥堵，我们的车本来就行驶极为缓慢，此时只能停车，而坐在靠窗位置的我，也只能直面塔利班武装人员的枪口，无处可躲，也无处可退。

之前在采访中，我碰到过塔利班武装人员拿着枪在我面前晃来晃去，但被人用枪口瞄准，还是第一次。尤其是那名身着迷彩服的武装人员，他持枪的动作和凶狠的表情，让车内的我和同事都感到紧张。车上有两名阿富汗同事，他们虽然是当地人，但是也没有经历过这种场面。

我们行车的机场路，不仅实施了交通管制，而且路两旁五步一岗十步一哨，全是身着迷彩制服、荷枪实弹的塔利班武装人员。这种情形异于往常，机场路是喀布尔的重要道路，虽然平时也有塔利班设置的检查站，不时盘查在他们看来可疑的过往车辆，但武装人员没有这么密集，而且都只是身着便装——其实，自塔利班进入喀布尔之后,负责安保工作的塔利班武装人员绝大部分都身着便装。身着制服的武装人员是塔利班精锐部队,平时很少在街面上出现,我只在少数几个部委的大院里见过。

塔利班当天之所以派重兵防守机场路,是因为塔利班最高层都在位于机场路的埃斯特卡宾馆举行重要会议。尽管精锐尽出,会场周边布防严密,但意外还是发生了。22日下午,埃斯特卡宾馆大门口发生了爆炸。听到这一消息时,我和同事正在喀布尔老城区采访。当时情况不明,由于塔利班高层都在埃斯特卡宾馆开会,如果事态严重,这次爆炸或许会影响阿富汗政局。我和同事便匆匆结束在老城区的采访,赶往埃斯特卡宾馆一探究竟。

越接近埃斯特卡宾馆,堵车越是严重,身着迷彩服的塔利班武装人员也越来越密集,在离埃斯特卡宾馆大概一公里之处,车只能极为缓慢地行驶。塔利班武装人员一边疏导交通,一边敏锐观察经过他们身边的每一辆车和车内的人,除了希望发现可疑车辆和可疑人物,看得出来,他们也特别希望车辆能尽快驶离这个区域。

塔利班执政后的一年里,爆炸和枪击依然频发,塔利班当局通常会尽快清理爆炸现场,而且会拉起警戒线。与前政府不同的是,当局禁止媒体第一时间采访和拍摄,他们通常会在清理完现场并经过检查认为安全后,才允许媒体在现场拍摄和采访。塔利班这么做当然出于多重考虑,但客观上确实对记者起到了一定保护作用。因为阿富汗历史上发生过多起针对记者的"二次爆炸"事件,最惨痛的一次发生在2018年4月30日,喀布尔当天发生爆炸后,许多记者迅速赶往现场,待记者赶到后,一名袭击者伪

第四十三章 塔利班的枪口对准了我

装成摄影记者冲进人群引爆了炸弹，造成8名记者遇难。

埃斯特卡宾馆就在马路对面了，然而路上已经禁止车辆通行了。车道空空荡荡的，不仅没车，行人也不得通行。埃斯特卡宾馆门口有大量塔利班武装人员。看到塔利班兴师动众、如临大敌的样子，我跟同事说，看来我们一时半会儿是没法接近现场去拍摄和采访了。正说话间，坐在我旁边的同事手机响了，他刚拿出手机查看，对面车道的塔利班武装人员立马举起手中的突击步枪，枪口瞄向我们，快步向我们的车走来，于是就发生了文章开头的那一幕。

二人或许分工不同，给我的感觉是，一个唱红脸，一个唱白脸。身着迷彩服的那位目露凶光，语气凶狠，根本不听我们解释，粗暴地说"把手机拿来"，然后一把夺过手机。而拿手枪的那位语气较为温和，第一句话便是问我："Chin（发音类似"秦"，意为中国）？"我说："是的，我们是中国记者。"我又让阿富汗同事跟他解释，只是查看手机来电，并非要拍摄什么，我们在采访中向来遵守阿富汗法律和习俗。他说："欢迎来到阿富汗工作，我们是朋友，我们并非找你们的麻烦，只是按规定行事，望理解。"经过一番检查，确认我们并没有违规拍摄后，他们把手机还给了同事。

虚惊一场。回想当时被枪瞄准的时刻，我其实并没有太多恐惧，毕竟跟塔利班打了多次交道，知道他们一般不会鲁莽行事，尤其不至于贸然向在阿富汗的外国人开枪。我当时唯一的担忧是他们手滑或者枪走火。

两名朝我们举枪的塔利班人员离开后，我们按照要求来到指定区域等待采访。在等待区，除了我们和一家伊朗媒体外，其余都是阿富汗当地媒体。而伊朗记者和阿富汗记者不仅相貌相似、衣着一样，而且说着同样的语言（阿富汗通用的达利语是波斯语的一种变体），中国记者看起来像"异类"一般。

阿富汗同事劝我不要在现场等待，根据以往的经验，有可能会等很久，甚至是好几个小时，而且从现场情况看，这次爆炸规模并不是太大，没有造成严重伤亡。最重要的是，像我们这样特征明显的外国人，非常容易成为袭击目标，在爆炸现场待得越久，危险就越大。

他的提醒并非杞人忧天，自从塔利班在阿富汗执政后，在阿富汗的外国人的生命安全始终面临来自"伊斯兰国"等恐怖组织的威胁。例如，2022年9月5日，俄罗斯驻阿富汗大使馆门前发生爆炸袭击，俄外交使团两名工作人员身亡。事后，"伊斯兰国"组织声称制造了这起袭击，并威胁还会继续袭击在阿富汗的外国人。2022年12月12日，中国公民经营的喀布尔桂园酒店遭袭击，造成住在酒店里的数名中国公民受伤。

所以，在阿富汗工作，塔利班的"明枪"易躲，而恐怖组织的"暗箭"难防，我们自己也不断互相提醒：外出采访一定要多加小心，警惕暗箭。

第四十四章
纳赞德的慈善学校

阿富汗童工问题严重，全国有300多万适龄儿童失学，原因多样：贫困，安全威胁，还有文化传统——在农村，很多保守的民众认为女孩没有必要上学。而在喀布尔这种大城市，大量儿童从小就得养家糊口，无法去上学，整日在街头干活赚钱。

阿富汗临时政府一位不愿透露姓名的官员在接受我们采访时表示，在阿富汗境内，教育资源和基础设施缺乏，全国至少有5000所中小学没有教学楼，学生们在空地上上课。教材和文具等也不充足。

很多人为这些失学儿童担忧，努力想办法帮助这些孩子，喀布尔的索达芭·纳赞德女士就是其中一位。

纳赞德在喀布尔市开办了一家慈善学校，学校位于喀布尔市一个中产阶层社区，校名用红字题写在一处斑驳、破旧的外墙上。我们走进其中一间教室，30多个孩子挤在里面，有几个孩子没有座位，只能坐在地上，好在地上铺着简陋的地毯。

纳赞德说："虽然这儿条件很简陋，但我已经很满意了，最初办学的时候，由于缺乏经费，没钱租教室，只能在公园的空地上给孩子们上课，我们坚持了4个月，后来在一位好心的中国商

◎ 孩子们在索达芭·纳赞德女士所创办的慈善学校里上课

人的资助下,我才租下了这几间校舍,还添置了桌椅板凳和教材。现在有200多个孩子在这里学习。"

我问她:"为什么要创办这个学校?"

"这些孩子家庭都非常贫困,他们平时都在街头打工,处于失学状态,我不希望他们成为文盲,而是成为有知识的人。"

"他们愿意学习吗?"

"我开办这家学校时,也没有想到这些孩子对学习有这么大的兴趣。当我看到他们都很热爱学习时,就更加珍视自己所做的工作了,也更加觉得自己的工作是有价值的。我知道他们的条件都很差,但我还是鼓励他们尽量多学知识,哪怕学到一个单词,我也觉得努力没有白费。"

谈起这些孩子,她努力看向乐观的一面:"尽管他们每天都在外面干活，比如在街头擦鞋、洗车、卖气球、卖冰棍，但是他们能来我这儿学习，我感到很欣慰。从他们身上我也看到了我们国家的未来。这么艰苦的条件下，他们都没有放弃学习，我相信我们国家的未来会更好。而且，我发现一些孩子还是有天赋的，有一个孩子经常写诗，尽管他平时就在街头打工，但我觉得他的诗写得很美。"

"你现在办学面临什么困难？"

"困难不少，比如校舍还是不够，现在这里有200多个孩子，上课非常拥挤。如果能有更多校舍，还会有更多孩子过来学习。"

"所以，其实财政问题是你现在最大的困难？"

"你应该也知道，美国人撤离后，阿富汗经济非常不景气，很多人都失去了工作，大部分人都吃不饱饭，经济问题确实是大问题。不过，我还面临一个更严峻的现实问题，就是毒贩的威胁。毒贩喜欢利用孩子贩毒，很多之前在街头贩毒的孩子也来我这儿上学，这影响了毒贩做生意，而且我还教导孩子们不要贩毒，毒贩因此对我非常敌视，他们威胁过我，要我不要多管闲事，要我关闭学校。"

我一时怔住了，原以为她缺钱办学，没想到还面临毒贩威胁。塔利班当局上台后，加大了对毒品产业的打击力度，希望塔利班在禁毒方面采取的铁腕政策有助于帮助纳赞德摆脱毒贩的纠缠。

我看到孩子们的作业本上有联合国儿童基金会的标志，高兴地说："连联合国儿童基金会都注意到你们了，还给你们捐赠了作业本。"纳赞德苦笑了一下："这些作业本不是联合国儿童基金会给我捐赠的,都是我之前在市场上买的。"

阿富汗的公立小学是免费的,我问11岁的哈米德:"你为什么不去公立小学读书,要在这儿学习?"

他说:"我每天有半天时间得在街头打工,只能上半天课,没法去公立学校上学。这里上课时间比较灵活,我之前不知道这个学校,是在街头打工的小伙伴介绍我过来的。"

11岁的娜西拉戴着头巾,眼睛炯炯有神,她告诉我:"我非常喜欢学习,什么知识都愿意学,我希望长大后能当医生。"

我问她:"你每天都过来上课吗?"

她说:"每天我都从我家走路半个小时到这儿上课。不过我还得工作,我每天都在街上卖气球,一天能赚50阿尼。"

我问她:"你爸爸妈妈同意你每天来上课?"

她说:"同意。"

放学后,我们跟着娜西拉去了她家。她的父亲是门卫,在一个小区看大门,娜西拉所谓的家就是父亲看门的门房。她的父亲清瘦、矮小、面相苍老。他跟我们诉苦说:"我也不想让女儿去街头卖气球,但我在这儿看门一个月只能赚50美元,不够养家糊口的,我女儿不工作,我们就吃不上饭。我也没办法,我也想让女儿上学,她现在能去好心人办的学校上学,我很

◎ 娜西拉和父亲

满意,毕竟她还能在那儿学到知识。"

其实,在阿富汗有不少像纳赞德这样的有识之士。我曾经探访过深受阿富汗儿童欢迎的公交车图书馆——将公交车改装成图书馆,车内摆放数百本课外书。这些公交车图书馆一般会在某个社区或学校旁停几个小时,供附近的儿童上车看书。除了公交司机之外,每辆车还配备一个图书管理员带小朋友看书,给小朋友解疑释惑,中间还会带小朋友做游戏放松。我在公交车图书馆也采访过一些小朋友,不管男孩儿女孩儿都很喜欢在上面看书学习。

在塔利班执政之前和之后,我都采访过阿富汗的女学生,从小学生到大学生都有。整体上看,她们都非常珍惜受教育的机会,都认为通过学习可以改变自己在这个战乱国家的命运,甚至还有些女学生立志去国外留学,看一看更广阔的世界。纳赞德办校的经历也表明,即使是因家境贫困辍学的儿童也渴望接受教育。

塔利班执政之初是允许女大学生上学的,只是2021年9月出台了男女大学生必须在性别隔离的教室里上课的规定,虽然这一规定出台后就遭到多方的批评,但是在阿富汗并非所有人都反对它。2022年3月我曾去喀布尔市郊的一所大学采访,这所大学约有800名大学生,其中约300名女生。接受采访

◎ 喀布尔一家公立小学,学生的书包是中国政府和联合国儿童基金会捐赠的

的女大学生告诉我，他们学校的男女大学生一直是分开上课的，在塔利班上台之前就是这样。她们说，根据伊斯兰教法，男女学生应该分开上课，她们认为这是应该的。只是塔利班上台后，学校面临新的挑战：许多教师，尤其是女教师离开了阿富汗，去了国外，现在女教师数量不足，很多课都是男教师在讲授，她们认为在条件允许的情况下，最好还是女教师给女学生授课。

在阿富汗内部，很多知名人士也公开呼吁塔利班保障妇女儿童的权利，比如前总统卡尔扎伊，就多次要求塔利班允许女童接受教育并允许女性重返工作岗位。

对于女性教育和工作问题，塔利班内部也并非铁板一块，比较开明的领导人也并不认同最高领袖做出的这些决策。还有阿富汗朋友告诉我，有些塔利班官员把女儿送到国外接受教育。

2022年5月，塔利班政权的外交部副部长谢尔·穆罕默德·阿巴斯·斯塔尼克扎伊在塔利班高层召开的一次会议上公开表示，政府有义务保障女孩儿的受教育权利。他指出，女性占了阿富汗人口的半壁江山，应该根据阿富汗文化和伊斯兰价值观保障她们的权利。

2023年1月，塔利班实权人物、阿富汗内政部长哈卡尼会见联合国官员，联合国方面要求塔利班取消在女性教育和工作方面设置的限制。哈卡尼表示，塔利班政府正在寻求解决办法，这种解决办法将同阿富汗的文化和伊斯兰教法相一致。

第四十五章

两位改革派国王的遗迹

我：我能不能进去参观一下？

塔利班士兵：不能。

我：前几天还有朋友进去参观过，为什么现在不行了？

塔利班士兵：没有为什么，反正现在不行。

我：我是记者，我有阿富汗政府发言人穆贾希德的介绍信，他请各部门给予记者采访和参观便利。

塔利班士兵：我们不归穆贾希德管，就是穆贾希德本人来，我们也不会让他进门的。

我：以后还会开放参观吗？

塔利班士兵：不知道。

这是我在喀布尔的达鲁阿曼宫门口和守门的塔利班士兵的对话。

达鲁阿曼宫是前国王阿曼努拉·汗20世纪20年代修建的宫殿。他当时还在宫殿附近修建了国会和阿富汗最早的一小段铁路。达鲁阿曼宫的名字意为"和平宫"，虽然它见证的更多的还是战乱。上世纪90年代，达鲁阿曼宫在内战中严重损毁，阿富汗政府对其进行了修缮，于2020年完工。修缮之前的达鲁阿曼宫有一种破败的美感，修葺一新后反倒失去了特色。

◎ 位于喀布尔的四十柱花园

吃了闭门羹以后,我转身来到了达鲁阿曼宫附近的四十柱花园,这座花园是19世纪末由当时的阿富汗国王阿卜杜·拉赫曼·汗下令修建的。

花园大门口售票处的工作人员都穿着前政府时期的制服,也没有塔利班守门。

走到门口我才意识到,自己未查看当天是男性能进公园还是女性能进,不过,售票员并未阻拦,我很顺利买到票进了花园。花园中有少数男士,我以为当天是男士逛公园的日子。走到花园深处,一道警戒线将前面的路挡住,警戒线对面的区域,比我逛的这个区域热闹多了,人声鼎沸,全是女人和孩子,小孩子奔跑着,叫喊着,不亦乐乎。原来,公园用这种方式将男女隔离开来,而孩子全都跟着母亲,因此我逛的这个区域冷冷清清,只有少数大男人。

在20世纪,四十柱花园里富丽堂皇的宫殿曾经是阿富汗的国宾馆，招待过许多国家元首，见证了上世纪50年代查希尔·沙阿国王当政时阿富汗对外关系的高光时刻。美国总统艾森豪威尔以及苏联领导人赫鲁晓夫都曾经在此下榻。

故园依然在，物是人已非。

末代国王查希尔·沙阿统治下的阿富汗，至今被西方人视为阿富汗的黄金时代，当时的大城市中，尤其是喀布尔，社会风气开放，全国上下吹着改革的劲风。

查希尔·沙阿也好，阿曼努拉·汗也好，他们具有不少鲜明的共同点：一个是大刀阔斧改革，另一个是都曾流亡意大利。

他们的改革在有些领域可谓惊世骇俗，尤其是阿曼努拉·汗。他可谓现代阿富汗改革的先驱，在政治上确立了三权分立的体制并颁布了阿富汗第一部宪法，经济上投资兴建工厂，鼓励女性接受教育，禁止买卖婚姻和多妻制。这些措施令保守派瞠目结舌。

1927年，阿曼努拉·汗夫妇花了8个月出访欧洲和中东等12国，在见识到欧洲的先进之后，他加大了改革力度，推出许多激进的举措。男女同校、废除妇女面纱、以西服代替阿富汗传统服饰，这些做法毫无意外地引发了反弹。而王后在欧洲

◎ 位于四十柱花园中的红宫，虽经修复，但外墙还专门保留了战时被破坏的遗迹

访问期间不戴面纱、裸露胳膊公开活动的照片传到国内后，更被视为对传统价值观的挑衅。反对改革的势力借机散布谣言：国王在欧洲吃了猪肉、喝了酒，他已经丧失理智，要放弃伊斯兰教信仰皈依天主教。

阿曼努拉·汗在改革失败后被推翻，流亡意大利，终老欧洲。1960年去世后，归葬阿富汗城市贾拉拉巴德。改革虽然失败了，但他的遗产在今日的阿富汗依然存在：达鲁阿曼宫、双剑王清真寺依然是阿富汗地标性建筑，他修建的避暑胜地帕格曼小镇依然是阿富汗人喜欢的休闲之地。此外，他的一些改革措施也保留了下来：阿富汗人仍是身份证上标注的唯一民族身份，阿富汗尼也依然是官方货币。

查希尔·沙阿在位期间，也在推动妇女解放方面迈出了很大步伐，比如允许女性在工厂与男性一起工作，电台开始有了女主播并播放女歌手的歌曲。1959年，王室女性成员在观看阅兵仪式时首次没有穿罩袍，也没有戴面纱，公众第一次看到了王后和公主的容貌，这被西方学者称为"本世纪最重要的社会、政治和经济事件"。在查希尔·沙阿的统治下，男女同校成为常态，身着牛仔裤、迷你裙、短袖衬衣的年轻女孩儿在喀布尔街头一点也不罕见。

当时，喀布尔市容市貌得到改善，楼房拔地而起，街道也铺上了沥青，柏油路上跑的小轿车越来越多。夜晚也不再黑暗，而是被电灯照亮。西餐厅、咖啡馆、夜店如雨后春笋般出现。贸易博览会上展出的洋玩意儿和剧场里的外国演出让喀布尔人眼界大开。阿富汗也成为来自欧美的嬉皮士喜欢的目的地。每当我走在双剑王清真寺附近的喀布尔河边，看着河道两旁的两层西式房子，脑海中就能浮现出当时喀布尔的繁华景象。

不过，查希尔·沙阿统治时期，并非像西方人说的那样，是阿富汗的黄金时代，充其量是喀布尔的黄金时代。喀布尔的繁华、开化远非阿富汗的全貌，以喀布尔来代替整个阿富汗无疑是一叶障目。大多数阿富汗人的生活与此无缘，依然生活在落后保守的农村，乡村女性依然身着罩袍，无法接受教育。喀布尔人的生活对占全国大部分人口的农村人来说，太遥远，也太不真实。

查希尔·沙阿1973年出访意大利期间，被堂兄达乌德发动政变废黜，之后流亡意大利。2002年塔利班第一次执政被推翻后，查希尔·沙阿重返阿富汗，2007年于喀布尔去世。

喀布尔东郊有一座可以俯瞰全城的山，山上有一座略显衰败的白色方形建筑，外墙上贴的瓷砖有些已经脱落，这就是查希尔·沙阿的寝陵。严格来说，这儿是他父亲纳迪尔·沙阿的陵墓，查希尔·沙阿去世后也葬到了这里。陵园是开放的，无人管理；实际上，除了这个孤零零的坟墓外，陵园内也别无他物，甚至连花草树木都没有。走入陵墓，空荡荡的大厅中间是黑色的石棺，周围布满了大理石柱子。我到访的这天，没有别人过来，这里颇为孤寂。

查希尔·沙阿的陵墓在山

◎ 阿富汗末代国王查希尔·沙阿的陵墓

顶，山坡上布满了不知是什么人的许多简陋坟墓，不远处的山头上还有一处较大的陵墓，不知道墓主是什么人。那座陵墓非常残破，顶部完全坍塌，四周的墙体也倒塌得只剩下几根柱子。

迁都喀布尔的帖木儿·沙阿的陵墓和被称为"铁血国王"的拉赫曼·汗的陵墓都像小花园一样，绿树成荫，有专人看守。而查希尔·沙阿父子的陵墓却萧瑟破败，无人看管。阿富汗历史上最后的这两位国王身后如此凄凉。

我初抵喀布尔的时候，距离阿曼努拉·汗当政已经过去了一百年，离查希尔·沙阿的黄金时代也过去了五六十年。走在喀布尔的街头，穿迷你裙的女孩儿早就成为不可想象的历史；满眼看去，就没有一个女性不穿罩袍、不戴头巾。而且，这是在美国扶植的阿富汗政府20年间大力倡导教育、喀布尔在某种程度上也算是学习和吸收了美国的西方文化的情况下。更不用说，塔利班再次执政后，推行了一系列更加保守的社会政策，甚至还出台了罩袍令，喀布尔街头短期内更不可能再现被西方称为"黄金时代"的社会景象了。

其实，不能简单地将是否戴头巾、穿罩袍作为评判社会进步与否的标志，重要的是：有没有穿衣自由。绝大部分阿富汗女性喜欢出门穿罩袍，必须尊重她们的传统，但是强逼她们非得穿蒙面的罩袍就不一定妥当了。

历史进程并非一帆风顺，可能要经历很多波折，阿富汗过去40多年的经历就是如此，整个国家的发展像被按下了暂停键，有些方面甚至出现了倒退。不过，我相信，历史向前发展的大趋势不会改变，阿富汗或许正处于螺旋式上升的低点。

第四十六章
阿富汗松子

在阿富汗东北部海拔1000米左右的山区，生长着大片郁郁葱葱的松林。充足的日光照射和充沛的雪水灌溉，孕育出颗粒饱满、皮薄易剥的阿富汗松子。

每年九十月份是松子收获的季节，也是松子加工厂和农户最忙碌的时候。摘松塔、敲打松塔、抖落松子，然后进行筛选分拣，是当地人的日常工作。2021年12月初，我探访了喀布尔郊区的尔兹玛莱·加扬瓦尔松子公司。

这次采访有个小插曲：在结束采访回分社的路上，喀布尔一处路段发生了针对塔利班巡逻车的爆炸袭击，所幸不是我们回程的路段。在喀布尔待得久了，对于多发的袭击有了免疫力，在出去采访的路上听到爆炸的消息，我不再像刚到喀布尔时那般紧张。加之塔利班上台后，喀布尔发生恐袭的频率有所降低，安全形势有了一定改善，所以外出时比之前淡定了很多，我会根据爆炸的地点、规模和影响力迅速决断是否需要调整出行计划，如果是相对较大的爆炸，我们就改变计划，前往爆炸现场采访，如果是小型爆炸，我们则按照原定计划继续之前的采访。

在公司的厂房内，我看到了码放整齐的成袋的松子，袋子上除了公司的标志外,还有非常醒目的英文单词"阿富汗松子"。

公司总经理阿里·扎德兰说,公司目前不具备深加工能力,有些松子出口到巴基斯坦后,当地商人会以巴基斯坦松子的名义,继续出口到世界各地,这不利于阿富汗松子在世界市场上拓展知名度,因此,公司特意制作了带有国名的包装袋,希望对外出口时能打开阿富汗松子的知名度。

厂房内有100多名工人在忙碌地分拣松子,绝大部分都是身穿罩袍的女性。员工们都戴着口罩,这与大部分阿富汗人不同,我猜想可能是因为卫生原因。

塔利班执政前几个月,政府机构的女性员工依然没有重返工作岗位,但女性工作并未被禁,塔利班表示,目前的办公条件不适合男女共同上班,需要改造办公设施。在私营部门和企业,女性员工没有受到影响,一直在正常工作。到了2022年12月,塔利班公布了新的禁令,要求非政府组织不得雇用女性,理由是部分非政府组织的女性雇员没有遵守着装要求。

对于这一禁令,联合国驻阿富汗机构发表声明予以谴责,因为它严重影响到国际组织对阿富汗的援助能力。联合国驻阿富汗机构雇员数量本就有限,经常将分发物资等工作外包给非政府组织。而且,由于阿富汗的妇女儿童是亟须援助的一大困难群体,出于尊重阿富汗习俗的原因,很多入户调查以及物资分发等工作均由女性工作人员承担。因此,塔利班的这一禁令给联合国等国际组织开展工作带来了困难。

从发展经济角度来看,这些限制女性工作的禁令对阿富汗来说也是不利的,毕竟女性是社会的半边天,是重要的劳动力资源,很多女性还是家庭经济收入的顶梁柱。

◎ 松子厂女工下班后走出厂房

我跟一些阿富汗朋友讨论过塔利班的女性政策，有人只是跟我说，他们的思想比较保守，也有阿富汗朋友说，塔利班最主要的成员都来自南部农村地区，以普什图人为主，他们认为对女性最好的保护方式就是不要外出工作，最大限度减免女性面临的风险。尤其近40多年里阿富汗一直处于战乱状态，他们更是认为自己的政策能最大限度保护女性安全。还有阿富汗朋友说，很多阿富汗男人不知女性权利为何物，完全没有这方面的意识，他们认为女性不需要接受教育，她们的使命就是待在家里生儿育女、照顾家庭。

塔利班的女性政策在农村地区或许没有什么影响，这些地区女性工作机会本就少之又少。但是，在城市尤其是喀布尔等几个大城市，这一政策的反对呼声很大，因为城市女性已经把工作作为一项基本权利。

不过，西方国家和媒体在谈到阿富汗问题时，大多只聚焦阿富汗的女性政策，对此大肆渲染，却不反思这个问题产生的根源。妇女权益问题很重要，但这不是阿富汗问题的全部，也不是阿富汗问题的核心和根源。

阿富汗还有三分之二人口在挨饿，阿富汗人民还生活在恐怖威胁、外部干涉的阴影之下，阿富汗问题需要一个综合、系统的解决方案。只有社会稳定、安全可控、经济发展，女性权益才能得到根本保障。

无论如何，我在尔兹玛莱·加扬瓦尔松子公司见到这么多女工，还是感觉很开心的。阿里·扎德兰跟我说，公司成立于2015年，大部分全职员工都是女性，分拣松子的工作需要细心和耐心，本来就更适合女性。

工人的收入跟工作量挂钩，日均工资是300阿富汗尼（约合人民币18元），熟练工每天能赚500—1000阿富汗尼。此外，公司为工人提供午餐，发放交通补助。

2018年起，阿富汗"松子包机"开始直飞中国，每年都有3000—5000吨松子直接运

◎ 2022年1月10日，阿富汗卡姆航空承运的松子包机

到中国。

2021年8月阿富汗政局变化，美国冻结阿富汗海外资产，约4000万阿富汗民众面临人道主义危机，阿富汗经济形势恶化，向中国出口松子的贸易一度中断。10月，应阿富汗临时政府请求，中方特事特办，再次打通中阿"松子空中走廊"。11月1日，首架包机搭载45吨松子顺利抵达上海，进驻中国国际进口博览会。12万瓶松子甫一亮相即被抢购一空。

扎德兰说，中国是阿富汗松子的理想销售市场，他的公司2020年向中国出口了650吨松子，2021年11月和12月向中国出口了360吨松子。2022年，他们计划向中国出口950吨松子，并希望中国生意伙伴能来阿富汗投资，创造更多就业岗位。公司业务经理哈利勒·拉希德说："松子产业链间接带动了阿富汗很多就业。拿我们公司来说，除约150名全职员工外，我们还会将一部分松子交给一些农户，他们在家中剥松子并分拣筛选。目前共有1420个家庭为公司工作。农户将松子领回家后，每户至少有3个人在家做相关工作。实际上，我们公司给数千人提供了工作岗位。"

仅一家规模并不大的公司，就有数千人受惠于向中国出口松子，阿富汗商业与投资商会负责人沙菲库拉·阿塔伊说："在阿富汗，整个松子产业链可以吸纳全国10万多人就业。"

阿塔伊表示，阿富汗每年生产2万多吨松子，近年来每年向中国出口约1万吨，松子销售行情看涨，阿富汗整个松子行业收益也高于以前。他看好中阿未来贸易前景，认为中国市场潜力巨大，"除了松子，我们还打算向中国出口其他特产，包括干果、藏红花、地毯和宝石等"。

中国驻阿富汗大使王愚在接受我采访时表示:"阿富汗松子在中国很畅销,一方面是因为阿富汗松子非常美味,另一方面也体现了中国民众对阿富汗民众的真诚友好感情,希望能通过购买阿富汗松子帮助他们增加收入,改善生活。小小的松子已经成为中阿两国人民心连心的纽带。"

我认识的阿富汗朋友跟我开玩笑说:"我们的松子向中国出口之后,价格节节攀升,我都快吃不起了。"